티엔티엔 중국어 중급회화 2

초판 1쇄 발행 2014년 3월 31일
초판 6쇄 발행 2022년 3월 4일

지 은 이 | 파고다교육그룹 언어교육연구소
펴 낸 이 | 고루다
펴 낸 곳 | Wit&Wisdom 도서출판 위트앤위즈덤
임프린트 | **PAGODA Books**
출판등록 | 2005년 5월 27일 제 300-2005-90호
주 소 | 06614 서울특별시 서초구 강남대로 419, 19층(서초동, 파고다타워)
전 화 | (02) 6940-4070
팩 스 | (02) 536-0660
홈페이지 | www.pagodabook.com

저작권자 | ⓒ 2014 파고다아카데미

ISBN 978-89-6281-518-4 (14720)

도서출판 위트앤위즈덤   www.pagodabook.com
파고다 어학원   www.pagoda21.com
파고다 인강   www.pagodastar.com
테스트 클리닉   www.testclinic.com

PAGODA Books는 도서출판 Wit&Wisdom의 성인 어학 전문 임프린트입니다.
낙장 및 파본은 구매처에서 교환해 드립니다.

매일매일 공부하여 세상의 中心에 선다

티엔티엔 중국어

중국어

중급
회화

2

파고다교육그룹 언어교육연구소 저

PAGODA Books

　　随着中国经济的高速发展,学习汉语已经成为了一种时代潮流。那么怎样学习才能学到地道的汉语呢？毋庸置疑，选择一本好的教材是至关重要的。但是，纵观当今的汉语教材市场，要么以语法为主，口语会话则相对薄弱；要么对话内容局限于留学生活，脱离实际，令韩国学生有"雾里看花""隔靴搔痒"之感。本册教材在《天天汉语》初级会话的基础上，遵循了语言学习规律，参照了教学实践的有效经验，达到了口语与文化的合二为一。

　　在本教材的安排上，为了提高造句能力，特意安排了句型练习的环节，把常用的句型替换成不同的句子，通过反复练习达到举一反三的效果。同时还强调了汉语口语的时代感，运用现今中国人最常用的流行词汇，通过问答方式，让学生学习到真正地道的汉语表达。此外，还安排了写作练习，真正达到听、说、读、写的融会贯通。

　　作为对外汉语教学工作者，　虽才疏学浅，愿尝试运用多年来对韩汉语教学中积累的有益经验和精通韩语的"优势"，编写一本专门针对韩国学生的中级汉语口语教材供学生使用。希望通过对本教材的学习，不仅让您对中国文化产生浓厚兴趣，同时也让您的汉语水平更上一层楼。

중국 경제가 고속 성장하면서, 중국어 학습은 이미 시대적인 추세가 되었습니다. 그러면 어떻게 공부해야 오리지널 중국어를 배울 수 있을까요? 의심의 여지가 없이, 좋은 교재 한 권을 선택하는 것이 매우 중요합니다. 그러나 최근의 중국어 교재 시장을 보면, 어법이 위주가 되어, 회화는 상대적으로 취약합니다.

그렇지 않으면, 대화 내용이 유학 생활에 국한되어 있어, 실제와 거리가 멀어, 한국 학생에게 '안개 속에서 꽃을 보게 하거나(사물의 본질을 잘 파악하지 못하게 함)', '신발을 신은 채 발바닥을 긁게 하는(정곡을 찌르지 못함)' 느낌을 줍니다. 본 교재는 〈티엔티엔 중국어〉 초급 회화의 기초 위에, 언어 학습 규율에 따르고, 실제 학생을 가르친 경험을 참고하여, 회화와 문화를 하나로 합쳐봤습니다.

본 교재는 작문 실력을 향상시키기 위하여, 문형 학습을 일부러 배치했습니다. 자주 쓰는 문형을 다른 문장으로 교체하는 연습이 그것인데, 반복적인 연습을 통하여 '하나를 들으면 열을 아는' 효과를 기대합니다.

동시에 중국어 회화의 시대감을 강조하였습니다. 최근 중국 사람들이 자주 쓰는 유행어휘를 응용하고, 문답 형식을 통하여 학생들이 정통 오리지널 중국어 표현 방식을 학습할 수 있게 하였습니다. 그 밖에, 작문 연습을 할 수 있게 해, 듣기, 말하기, 읽기, 쓰기를 체계적으로 이해할 수 있게 했습니다.

대외 한어 교재를 만드는 사람으로서, 식견이 넓지 못하고 학문도 깊지 못하지만, 오랜 기간 한국에서 중국어를 가르쳐 쌓인 유익한 경험과 한국어에 정통한 '우세'를 응용하여 한국 학생이 배울 수 있는 중급 중국어 교재를 집필해 봤습니다. 여러분이 본 교재를 공부하고 나서, 중국 문화에도 깊은 흥미가 생기길 바라고, 동시에 중국어 실력도 한 층 향상되길 바랍니다.

2014년 3월
파고다교육그룹 언어교육연구소 저자진 일동

: 이 책의 구성과 사용법 :

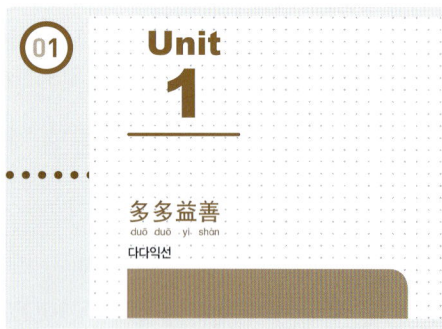

미리보기

본격적인 학습에 들어가기에 앞서 과의 주제와 학습목표를 확인합니다.

生词 〈단어〉

본문에 나오는 새로운 단어를 익히고 바로 이어서 제시된 연습문제를 통해 해당 단어가 문장에서 어떻게 적절하게 사용되는지 숙지합니다.

天天记一记 〈어법 익히기〉

본문에 나와있는 핵심적인 어법과 빈번하게 쓰이는 관용적인 표현들을 예문과 함께 짚어봅니다. 학습한 내용은 "바로바로 확인"을 통해 복습하며 숙지할 수 있습니다.

天天说一说 〈생각 표현하기〉

각 과의 주제와 관련된 단어와 표현을 응용하여, 묻고 답하는 연습으로 말하기 능력을 향상시킵니다.

+생각 넓히기 : 중국인의 공통된 생활 방식과 정서, 가치관을 모두 표현하는 성어를 추가로 소개하여 생각을 넓히고 어휘 수준을 높입니다.

+실력 확인하기 : 제시된 그림을 보고 앞서 학습한 표현과 어휘를 종합적으로 활용하여 자신의 생각을 표현해봄으로써 회화 응용력을 높이고 실력을 확인합니다.

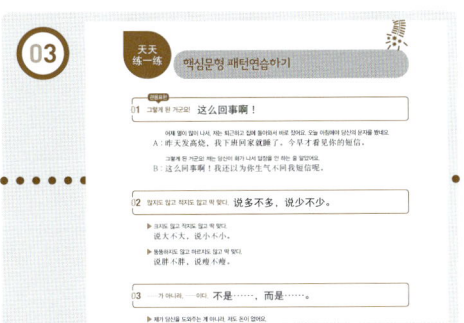

天天练一练〈핵심문형 패턴연습하기〉
본문에 들어가기에 앞서 〈티엔티엔 중국어 초급회화〉
단계에서 학습하였던 중요 회화 문형 패턴 및 관용구 등
을 복습합니다.

课文〈본문〉
短文(단문)에서는 중국 문화권에서 많이 쓰이는 성어에
관한 이야기를 담고 있습니다. 독해 연습을 통해 중국
문화에 대해서 더 깊이 이해할 수 있습니다.
会话(회화)는 위의 단문 내용에 대해 등장인물들이 나
누는 대화가 구성되어 있습니다. 현대 중국인들이 사용
하는 실용적이면서 트렌디한 회화 표현을 배울 수 있습
니다.
*학습자의 학습 효과를 더욱 높이기 위하여 회화 본문에
성조 표기를 하였습니다. 단문과 회화문의 전체 한어병음은
별도 페이지에 기재하였습니다.

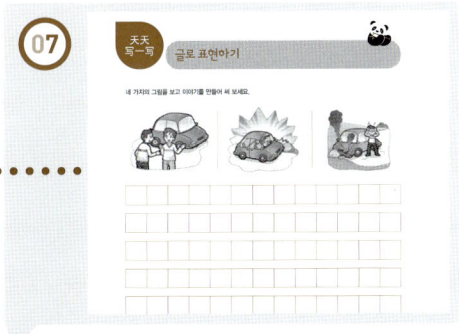

天天写一写〈글로 표현하기〉
주어진 그림을 보고 100~120자 내외로 작문을 하면
서 쓰기 능력뿐만 아니라 전반적인 중국어 수준을 향상
시킵니다.

목차

: 주요 등장 인물 소개 :

김대한 (金大韓)
32살 한국인 남자 / 회사원
야구 경기 관람이 취미

장학명 (张学明)
40살 중국인 남자 (상하이 출신) / 회사원
솔직하고 직선적인 성격

장학우 (章学友)
34살 중국인 남자 (상하이 출신) / 회사원
유머러스하고 시원시원한 성격

이미영 (李美英)
35살 한국인 여자 / 회사원
다정한 성격으로 친구 사귀는 것을 좋아함

왕리 (王丽)
29살 중국인 여자 (베이징 출신) / 회사원
농담을 좋아하는 활발한 성격

Unit
1

多多益善
duō duō yì shàn

다다익선

▶ '益'은 '더하다', '善'은 '좋다'는 뜻으로, 많을수록 좋다는 뜻이다.
▶ 같은 사물이나 사람 등이 많으면 많을수록 좋다는 것을 의미한다.

단어

🎧 Track 01

- ☐ 周围 zhōuwéi 명 주위
- ☐ 天使 tiānshǐ 명 천사
- ☐ 前辈 qiánbèi 명 선배
- ☐ 犹豫 yóuyù 동 망설이다, 머뭇거리다
- ☐ 按时 ànshí 부 제때에, 제시간에
- ☐ 求 qiú 동 부탁하다, 필요로 하다
- ☐ 金额 jīn'é 명 금액
- ☐ 动脑筋 dòng nǎojīn 머리를 쓰다, 계획하다
- ☐ 伤感情 shāng gǎnqíng 감정이 상하다
- ☐ 智慧 zhìhuì 명 지혜
- ☐ 良师益友 liáng shī yì yǒu 성어 좋은 스승과 유익한 친구

- ☐ 悲观主义者 bēiguān zhǔyì zhě 명 비관주의자
- ☐ 不知不觉 bù zhī bù jué 자신도 모르는 사이에
- ☐ 经验 jīngyàn 명 경험
- ☐ 为难 wéi/nán 동 난처하다
- ☐ 还 huán 동 갚다, 돌려주다
- ☐ 帮忙 bāng/máng 동 돕다
- ☐ 相处 xiāngchǔ 동 함께 지내다
- ☐ 尽量 jǐnliàng 부 가능한 한, 마음껏
- ☐ 需要 xūyào 동 필요로 하다

生词热身练习　단어연습 ⠿ 적절한 단어를 골라 빈칸을 채우세요.

(1) 大学生毕业以前可以通过打工积累社会 [　　　]。

대학생은 졸업하기 전에 아르바이트를 통해서 사회 경험을 쌓을 수 있다.

(2) 我真感谢你 [　] 了我的大 [　]。

저에게 큰 도움을 주셔서 정말 감사합니다.

(3) 医生让我一定 [　　] 吃药。

의사는 나에게 반드시 제때에 약을 먹으라고 했다.

(4) 弟弟不管有什么问题都喜欢自己 [　　　]。

남동생은 어떤 문제든지 스스로 머리를 써서 하기를 좋아한다.

(5) 我 [　　　] 明天给你发邮件。

나는 가능한 한 내일 당신에게 편지를 보낼게요.

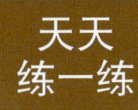
핵심문형 패턴연습하기

관용표현

01 그렇게 된 거군요! **这么回事啊！**

어제 열이 많이 나서, 저는 퇴근하고 집에 돌아와서 바로 잤어요. 오늘 아침에서야 당신의 문자를 봤네요.
A : 昨天发高烧，我下班回家就睡了。今早才看见你的短信。

그렇게 된 거군! 저는 당신이 화가 나서 답장을 안 하는 줄 알았어요.
B : 这么回事啊！我还以为你生气不回我短信呢。

---

02 많지도 않고 적지도 않고 딱 맞다. **说多不多，说少不少。**

▶ 크지도 않고 작지도 않고 딱 맞다.
　说大不大，说小不小。

▶ 뚱뚱하지도 않고 마르지도 않고 딱 맞다.
　说胖不胖，说瘦不瘦。

---

03 ……가 아니라, ……이다. **不是……，而是……。**

▶ 제가 당신을 도와주지 않는 게 아니라, 저도 돈이 없어요.
　不是我不帮你，而是我也没有钱。

▶ 제가 가고 싶지 않은 게 아니라, 정말로 시간이 없어요.
　不是我不想去，而是我真的没有时间。

---

04 ……하기가 쑥스럽다, 미안하다. **不好意思……。**

▶ 혼자 먹기가 쑥스러워요.
　不好意思自己吃。

▶ 안 가려고 하니 미안해요.
　不好意思不去。

본문

短文

中国有句俗话叫"多个朋友，多条路。"可见，多交朋友对我们是有帮助的。

多交朋友重要，交什么样的朋友更重要。如果你的周围都是一些"酒肉朋友"，那么你每天就只会跟着朋友吃吃喝喝。如果你的周围都是一些"悲观主义者"，那么你也会变得越来越悲观。相反，如果你的周围都是"快乐的天使"，那么你也会不知不觉地给别人带来快乐。所以，年轻人要多向老师和前辈学习成功的经验。这样的良师益友对我们来说才是多多益善。

会话

金大韩　美女，你怎么一脸不开心啊？有什么事儿吗？

王丽　我的一个朋友昨天给我打电话说有点儿急事，想向我借点儿钱。

金大韩　哦，这么回事啊！那她要借多少钱呢？

王丽　说多不多，说少不少。她要借一万块。

金大韩　那你同意借给她了吗？

王丽　正犹豫呢。你说借吧，我怕万一我有什么急事手里没有钱；你说不借吧，我又不好意思拒绝。真让我为难啊！

金大韩　我要是你，我就不借。不是我小气，而是我觉得朋友不按时还钱的话，以后可能连朋友都做不成。

王丽　你说的我也同意。可她是第一次开口求我。她也是没有办法才向我借钱的，不是吗？我真想帮她这个忙。

金大韩　你看这么办，怎么样？你借给她一半，然后让她把借钱金额和还钱日期写清楚。

王丽　听起来不错！就按你说的办。要是这次她按时还钱，下次我还可以借给她。中国人常说"好借好还，再借不难！"

金大韩　其实，朋友之间的相处有时也是要动动脑筋的，出现让人为难的事情，尽量做到不伤感情，又能让朋友满意。

王丽　的确如此。朋友之间的相处也是需要智慧的。不管怎么说，今天谢谢你帮我解决了这个难题。

단문 병음

Zhōngguó yǒu jù súhuà jiào "duō ge péngyou, duō tiáo lù." Kějiàn, duō jiāo péngyou duì wǒmen shì yǒu bāng zhù de.

Duō jiāo péngyou zhòngyào, jiāo shénmeyàng de péngyou gèng zhòngyào. Rúguǒ nǐ de zhōuwéi dōu shì yìxiē "jiǔròu péngyou", nàme nǐ měitiān jiù zhǐ huì gēnzhe péngyou chīchi hēhe. Rúguǒ nǐ de zhōuwéi dōu shì yìxiē "bēiguān zhǔyì zhě", nàme nǐ yě huì biàn de yuèláiyuè bēiguān. Xiāngfǎn, rúguǒ nǐ de zhōuwéi dōu shì "kuàilè de tiānshǐ", nàme nǐ yě huì bù zhī bù jué de gěi biérén dàilái kuàilè. Suǒyǐ, niánqīngrén yào duō xiàng lǎshī hé qiánbèi xuéxí chénggōng de jīngyàn. Zhèyàng de liáng shī yì yǒu duì wǒmen lái shuō cái shì duō duō yì shàn.

Jīn Dàhán   Měinǚ, nǐ zěnme yì liǎn bù kāi xīn a? Yǒu shénme shìr ma?

Wáng Lì   Wǒ de yí ge péngyou zuótiān gěi wǒ dǎ diànhuà shuō yǒudiǎnr jíshì, xiǎng xiàng wǒ jiè diǎnr qián.

Jīn Dàhán   Ò, zhème huí shì a! Nà tā yào jiè duōshao qián ne?

Wáng Lì   Shuō duō bù duō, shuō shǎo bù shǎo. Tā yào jiè yíwàn kuài.

Jīn Dàhán   Nà nǐ tóngyì jiè gěi tā le ma?

Wáng Lì   Zhèng yóuyù ne. Nǐ shuō jiè ba, wǒ pà wànyī wǒ yǒu shénme jíshì shǒulǐ méiyǒu qián; nǐ shuō bú jiè ba, wǒ yòu bùhǎoyìsi jùjué. Zhēn ràng wǒ wéi nán a!

Jīn Dàhán   Wǒ yàoshi nǐ, wǒ jiù bú jiè. Búshì wǒ xiǎoqi, érshì wǒ juéde péngyou bú ànshí huán qián de huà, yǐhòu kěnéng lián péngyou dōu zuò bù chéng.

Wáng Lì   Nǐ shuō de wǒ yě tóngyì. Kě tā shì dì yī cì kāi kǒu qiú wǒ. Tā yě shì méiyǒu bànfǎ cái xiàng wǒ jiè qián de, búshì ma? Wǒ zhēn xiǎng bāng tā zhège máng.

Jīn Dàhán   Nǐ kàn zhème bàn, zěnmeyàng? Nǐ jiè gěi tā yíbàn, ránhòu ràng tā bǎ jiè qián jīn'é hé huán qián rìqī xiě qīngchu.

Wáng Lì   Tīng qǐlái bú cuò! Jiù àn nǐ shuō de bàn. Yàoshi zhècì tā ànshí huán qián, xiàcì wǒ hái kěyǐ jiè gěi tā. Zhōngguórén cháng shuō "hǎo jiè hǎo huán, zài jiè bù nán!"

Jīn Dàhán   Qíshí, péngyou zhījiān de xiāngchǔ yǒushí yě shì yào dòngdong nǎojīn de, chūxiàn ràng rén wéi nán de shìqing, jǐnliàng zuòdào bù shāng gǎnqíng, yòu néng ràng péngyou mǎnyì.

Wáng Lì   Díquè rúcǐ. Péngyou zhījiān de xiāngchǔ yě shì xūyào zhìhuì de. Bùguǎn zěnme shuō, jīntiān xièxie nǐ bāng wǒ jiějué le zhège nántí.

01 可见，多交朋友对我们是有帮助的。

'可见'은 서면어로, 앞의 상황을 통해서 뒤의 결과를 알게 되거나 추정한다는 의미가 있다.

例句1 近来学习汉语的人越来越多了，可见，中国经济的发展越来越快。

요즘 중국어를 공부하는 사람들이 가면 갈수록 많아지는 것으로 보아, 중국 경제가 빨리 발전했음을 알 수 있다.

例句2 他连一个字都没写错，可见，昨天他努力复习了。

그가 한 글자 조차도 틀리지 않게 쓴 것으로 보아, 어제 열심히 복습했음을 알 수 있다.

> 따라해보아요
>
> 아래 문장을 완성하세요.
>
> ① 韩剧在外国很有人气。可见，_____。
>
> ② 运动以后，我不仅瘦了很多，而且心情也好多了。
>   可见，_____。

02 多交朋友对我们是有帮助的。

'A对B有帮助'는 'A가 B에게 도움이 되다'라는 의미로 중국어에서 자주 사용되는 표현이다.

例句1 多交外国朋友对提高外语水平有帮助。

외국 친구를 많이 사귀는 것은 외국어 수준을 향상시키는 데 도움이 된다.

例句2 这是我出国旅游的一些经验，希望对大家有帮助。

이건 제가 외국으로 여행가서 한 경험들이니, 여러분에게 도움이 되었으면 좋겠습니다.

> 따라해보아요
>
> 아래 문장을 중국어로 번역하세요.
>
> ① 이것은 인생에 도움이 되는 한 권의 책입니다.
>   → _____。
>
> ② 어떤 운동을 하는 게 다이어트 하는 데 도움이 되나요?
>   → _____？

03 你说借吧，我怕万一我有什么急事手里没有钱；你说不借吧，我不好意思拒绝。

'……吧, ……吧'는 일반적으로 난처하거나 모순된 상황에서 쓰이며, '……吧' 뒤에는 이유를 설명하는 문장이 온다.

例句1 去参加他的婚礼吧，其实我们也不太熟；不去参加他的婚礼吧，又觉得挺不好意思。

그의 결혼식에 참석하자니, 사실은 우리가 그렇게 친하지 않고, 그의 결혼식에 참석하지 않자니, 또 너무 미안할 것 같다.

例句2 买吧，我又不是特别满意；不买吧，现在正大减价，又有点儿可惜。

사자니 내가 특별히 마음에 드는 것도 아니고, 안 사자니 지금 할인을 많이 해서 조금 아깝다.

말해보세요

당신이 난처한 이유를 말해 보세요.

① 要不要吃晚饭。

吃晚饭吧，_____；

不吃晚饭吧，_____。

② 周末要不要出去见朋友。

出去吧，_____；

不出去吧，_____。

04 就**按**你说的办。

'按'은 '按照(~에 따라서)'의 의미이다. '按你想的说', '按要求做'와 같이 '按……(的)A'의 형태로 쓰인다.

例句1 在这种情况下，应该按要求做。

이런 상황에서는, 반드시 요구대로 해야 한다.

例句2 要是那时候按我说的做，就不会发生这件事了。

만약 그때 제가 말했던 대로 했다면, 이런 일이 발생하지 않았을 거예요.

연습 해보기

아래 문장을 중국어로 번역하세요.

① 아버지께서 말씀하신 대로 하면 틀림없어요.

→ _____ 。

② 당신은 회사의 요구대로 정장을 입어야 합니다.

→ _____ 。

05 **尽量**做到不伤感情，又能让朋友满意。

'尽量'은 일정한 범위 내에서 한 사람이 가장 큰 한도에 도달하는 것을 말한다. 그러나 자신의 의지가 확대되거나 줄어들 수도 있다.

例句1 我尽量在今天之内完成你交给我的任务。

제가 최대한 오늘 안으로 당신이 주신 임무를 완성할게요.

例句2 你有什么困难就对我说，我尽量帮你解决。

당신에게 어려움이 생기면 저에게 말하세요, 제가 최대한 당신을 도와 해결할게요.

연습 해보기

아래 문장을 중국어로 번역하세요.

① 여러분이 최대한 의견을 많이 발표해 주시기 바랍니다.

→ _____ 。

② 글을 쓸 때, 여러분들은 최대한 우리가 배운 단어를 사용해 주세요.

→ _____ 。

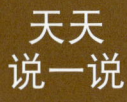

다음 질문에 대한 자신의 생각을 자유롭게 이야기해 보세요.

01 中国有句俗话"多个朋友，多条路。"，你同意吗？

02 你觉得朋友多的好处[1]是什么？

03 你的朋友大多是什么样的人？

04 你的交友原则[2]是什么呢？

05 你的朋友影响[3]过你吗？是好的影响还是不好的影响？

06 你觉得朋友间可以借钱吗？要是可以的话，你最多可以借给朋友多少钱？

07 你的朋友拜托[4]过你让你为难的事吗？

08 你觉得朋友相处时最需要注意什么？

1. **好处** hǎochù
   명 좋은 점

2. **原则** yuánzé
   명 원칙

3. **影响** yǐngxiǎng
   명 영향

4. **拜托** bàituō
   동 부탁하다

다음의 고사성어를 읽어 보세요.

称兄道弟，难兄难弟。
Chēng xiōng dào dì, nàn xiōng nàn dì.

红颜[1]知己[2]，蓝颜[3]知己。
Hóngyán zhījǐ, lányán zhījǐ.

路遥[4]知马力，日久见人心。
Lù yáo zhī mǎ lì, rì jiǔ jiàn rénxīn.

黄金万两易得，真心知己难求。
Huángjīn wàn liǎng yì dé, zhēnxīn zhījǐ nán qiú.

患[5]难见真情。
Huànnàn jiàn zhēnqíng.

호형호제(절친한 친구), 난형난제(피장파장이다).
나를 가장 잘 알아주는 여자 친구, 나를 너무 잘 알아주는 절친한 남자 친구
길이 멀면 말의 힘을 알고, 긴 세월이 지나면 사람의 마음을 본다.
황금 만량은 얻기 쉬우나, 진심으로 자신을 아는 사람은 찾기 힘들다.
역경 속에서 진심을 알 수 있다.

1. 红颜 hóngyán
   명 미인, 여성 친구

2. 知己 zhījǐ
   명 지기,
   나를 알아주는 친구

3. 蓝颜 lányán
   명 남성 친구

4. 遥 yáo
   형 (거리가) 멀다

5. 患 huàn
   동 걱정하다

다음 그림을 보고, 당신이 이런 상황에 처한다면 어떻게 대응할지 말해 보세요.

你的朋友向你借钱，但你不想借给他，要找合适的理由拒绝。

글로 표현하기

세 가지의 그림을 보고 이야기를 만들어 써 보세요.

Unit
2

细嚼慢咽
xì jiáo màn yàn

오래오래 잘 씹고 천천히 삼키다

▶ 원래 뜻은 천천히 음식을 먹는다는 뜻이다. 파생된 뜻으로는 천천히 음미한다는 뜻이 있다.

生词

단어

🎧 Track 05

□ 熊猫 xióngmāo 명 판다

□ 吉祥物 jíxiángwù 명 마스코트

□ 黑眼圈 hēiyǎnquān 명 다크서클

□ 唯一 wéiyī 형 유일한

□ 体会 tǐhuì 명 경험 동 체험하여 터득하다

□ 具体 jùtǐ 형 구체적이다

□ 起初 qǐchū 명 처음, 최초

□ 砸 zá 동 실패하다, 틀어지다

□ 达到 dádào 동 도달하다, 이르다

□ 过程 guòchéng 명 과정

□ 奥运会 àoyùnhuì 명 올림픽

□ 身材 shēncái 명 몸매

□ 温柔 wēnróu 형 상냥하다, 온유하다

□ 几乎 jīhū 부 거의, 하마터면

□ 表达 biǎodá 동 표현하다, 드러내다

□ 礼貌 lǐmào 명 예의, 예절

□ 效率 xiàolǜ 명 효율

□ 安慰 ānwèi 동 위로하다

□ 目标 mùbiāo 명 목표

□ 享受 xiǎngshòu 동 즐기다, 향유하다

□ 入乡随俗 rù xiāng suí sú 성어 로마에 가면 로마법을 따라야 한다.

生词热身练习 단어연습 ⠿ 적절한 단어를 골라 빈칸을 채우세요.

① 听说 [   ] 的故乡在中国的四川。

듣자 하니 판다의 고향은 중국의 사천이라고 한다.

② 要是我可以用汉语 [   ] 我的想法, 该多好啊!

만약 내가 중국어로 나의 생각을 표현할 수 있다면, 얼마나 좋을까!

③ [   ] 的工作, 等明天我们开会的时候再说吧。

구체적인 일은 내일 우리가 회의할 때 다시 얘기해요.

④ 妈妈从小就教育我要做一个讲 [   ] 的好孩子。

엄마는 어려서부터 내가 예의바르고 착한 아이로 자라도록 교육하셨다.

⑤ 没想到这次的考试又考 [   ] 了.

이번 시험에 또 실패할 줄은 생각지도 못했다.

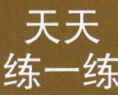

天天
练一练

핵심문형 패턴연습하기

01 또……해요! 还……呢！

▶ 그는 또 스페인어도 할 줄 알아요!
他还会说西班牙语呢！

▶ 나는 또 베이징에도 가 봤어요!
我还去过北京呢！

02 ……와 관련이 있다 和……有关

▶ 듣자 하니 이번 사건이 당신과 관련이 있다면서요, 그래요?
听说这次的事件和你有关，是吗？

▶ 저는 중국과 관련된 일을 찾고 싶어요.
我想找和中国有关的工作。

관용표현
03 구체적으로 말해 봐요! 具体说说。

의사 선생님, 어제 저녁부터 제 몸이 그다지 좋지가 않아요.
A：医生，从昨天晚上开始我身体就不太舒服。

구체적으로 말해 봐요, 도대체 어디가 안 좋은거예요?
B：具体说说，到底哪儿不舒服？

04 ……함에 따라 随着……，

▶ 생활 수준이 높아짐에 따라, 차를 가진 사람이 더욱더 많아진다.
随着生活水平的提高，有车的人越来越多。

▶ 경기가 진행됨에 따라, 관중은 더욱더 긴장한다.
随着比赛的进行，观众越来越紧张。

본문

短文

　　嗨！大家好！我叫大熊猫，是中国的国宝。我在地球上非常少，所以我特别受欢迎。无论我到哪个国家，都会出现一场"熊猫热"。我还是奥运会的吉祥物呢！

　　我全身上下只有两种颜色，黑与白。我的身材又胖，黑眼圈又严重，可是我的性格却非常温柔，是个慢性子。我唯一的爱好就是爬到树上睡觉。说出来不怕你笑话，我每天除了吃饭的时间以外，几乎都在睡觉。又到了我的午睡时间了，今天就简单地介绍到这儿吧。

会话

老师	你们来中国留学这么多年了，说说你们对中国文化最深的体会吧。
李美英	我个人觉得中国人非常喜欢"慢"这个汉字。很多汉语表达都和"慢"有关。
老师	哦，是吗？你具体说说。
李美英	比如说，和别人分开的时候，中国人常说"慢走"，这不是真的让对方慢慢地走，而是让对方小心回去的意思。
金大韩	听你这么说，我也想起来两个。正如大家所知，和中国人一起吃饭的时候，他们经常对我说"您慢用"、"慢点儿吃"。
老师	你们两个说的"慢走"、"您慢用"、"慢点儿吃"都是日常礼貌用语。
金大韩	我觉得不只是礼貌用语，中国人做事情的时候，也常说"慢工出细活"，意思是慢慢做才能做得好。
老师	大韩，你可是个急性子啊！起初不理解这句话的意思吧。
金大韩	是啊，在我看来，只有快才能出效率，不过随着对中国文化的了解，现在我也完全同意了。
彼得	大家说的也让我想起了一件事，上几次HSK考试总考砸，中国朋友每次都安慰我说："慢慢来、慢慢来"。原来"慢慢来"的意思是做什么事都别急，达到目标是需要时间和过程的。
老师	看样子，大家对中国文化的认识很深啊。你们已经完全入乡随俗了。希望大家以后也一边努力学习汉语，一边享受这种"慢生活"。

단문 병음

Hēi! Dàjiā hǎo! Wǒ jiào dàxióngmāo, shì Zhōngguó de guóbǎo. Wǒ zài dìqiú shàng fēicháng shǎo, suǒyǐ wǒ tèbié shòu huānyíng. Wúlùn wǒ dào nǎge guójiā, dōu huì chūxiàn yì chǎng "xióngmāo rè". Wǒ háishì àoyùnhuì de jíxiángwù ne!

Wǒ quánshēn shàngxià zhǐyǒu liǎng zhǒng yánsè, hēi yǔ bái. Wǒ de shēncái yòu pàng, hēiyǎnquān yòu yánzhòng, kěshì wǒ de xìnggé què fēicháng wēnróu, shì ge mànxìngzi. Wǒ wéiyī de àihào jiùshì pádào shùshàng shuì jiào. Shuō chūlái bú pà nǐ xiàohua, wǒ měitiān chúle chī fàn de shíjiān yǐwài, jīhū dōu zài shuì jiào. Yòu dào le wǒ de wǔshuì shíjiān le, jīntiān jiù jiǎndān de jièshào dào zhèr ba.

회화 병음

Lǎoshī	Nǐmen lái Zhōngguó liúxué zhème duō nián le, shuōshuo nǐmen duì Zhōngguó wénhuà zuì shēn de tǐhuì ba.
Lǐ Měiyīng	Wǒ gèrén juéde Zhōngguórén fēicháng xǐhuan "màn" zhège Hànzì. Hěn duō Hànyǔ biǎodá dōu hé "màn" yǒuguān.
Lǎoshī	Ó, shì ma? Nǐ jùtǐ shuōshuo!
Lǐ Měiyīng	Bǐrú shuō, hé biérén fēn kāi de shíhou, Zhōngguórén cháng shuō "Màn zǒu", Zhè búshì zhēn de ràng duìfāng mànmànde zǒu, érshì ràng duìfāng xiǎoxīn huíqù de yìsi.
Jīn Dàhán	Tīng nǐ zhème shuō, wǒ yě xiǎng qǐlái liǎngge. Zhèng rú dàjiā suǒ zhī, hé Zhōngguórén yìqǐ chī fàn de shíhou, tāmen jīngcháng duì wǒ shuō "Nín màn yòng"、"Màn diǎnr chī".
Lǎoshī	Nǐmen liǎngge shuō de "Màn zǒu"、"Nín màn yòng"、"Màn diǎnr chī" dōu shì rìcháng lǐmào yòngyǔ.
Jīn Dàhán	Wǒ juéde bù zhǐ shì lǐmào yòngyǔ, Zhōngguórén zuò shìqing de shíhou, yě cháng shuō "Màn gōng chū xìhuó", yìsi shì mànman zuò cái néng zuò de hǎo.
Lǎoshī	Dàhán, nǐ kěshì ge jíxìngzi a! Qǐchū bù lǐjiě zhè jù huà de yìsi ba.
Jīn Dàhán	Shì a, zài wǒ kànlái, zhǐyǒu kuài cái néng chū xiàolǜ, búguò suízhe duì zhōngguó wénhuà de liǎojiě, xiànzài wǒ yě wánquán tóngyì le.
Bǐdé	Dàjiā shuō de yě ràng wǒ xiǎngqǐ le yí jiàn shì, shàng jǐ cì HSK kǎoshì zǒng kǎozá, Zhōngguó péngyou měicì dōu ānwèi wǒ shuō : "Mànmàn lái、mànmàn lái". Yuánlái; "Mànmàn lái" de yìsi shì zuò shénme shì dōu bié jí, dádào mùbiāo shì xūyào shíjiān hé guòchéng de.
Lǎoshī	Kàn yàngzi, dàjiā duì Zhōngguó wénhuà de rènshi hěn shēn a. Nǐmen yǐjing wánquán rù xiāng suí sú le. Xīwàng dàjiā yǐhòu yě yìbiān nǔ lì xuéxí Hànyǔ, yìbiān xiǎngshòu zhè zhǒng "màn shēnghuó".

어법 익히기

01 无论我到哪个国家，都会出现一场"熊猫热"。

'无论……，都……'는 '……를 막론하고, ……하다'라는 의미로, 같은 표현으로는 '不管……，都……'가 있다. '无论' 뒤에는 일반적으로 의문구가 같이 온다.

例句1 无论你在什么地方，我都会找到你。
당신이 어디에 있든지 상관없이, 저는 당신을 찾아낼거예요.

例句2 无论大家说什么，我都不会改变我的想法。
모두가 뭐라고 말하든지 상관없이, 나는 내 생각을 바꾸지 않을 것이다.

> 아래 문장을 완성하세요.
> ① 无论在韩国还是在中国，_____。
> ② 无论你喜不喜欢，_____。

02 我每天除了吃饭的时间以外，几乎都在睡觉。

'几乎'는 부사로, '差不多(비슷하다), 接近(가깝다)'의 의미이다. 주로 범위를 표현할 때 쓰이며, '差点儿(하마터면)'의 의미도 있다.

例句1 昨天的婚礼几乎来了五千人，别提多热闹了。
어제 결혼식에 거의 오천 명이 왔었어요, 얼마나 북적거렸는지 말도 마요.

例句2 你不说，我几乎忘了你是上海人。
당신가 말을 안 했으면, 전 하마터면 당신이 상하이 사람이란 걸 잊어버렸을 거예요.

> '几乎'가 들어갈 적절한 위치를 고르세요.
> ① A所有的人都B知道C他D是老板的儿子。　　　　　　（　　）
> ② A那座山B有C两千米D高，但他还是爬到了山顶。　　（　　）

03 正如大家所知，和中国人一起吃饭的时候，……。

'正如……所知'는 일종의 관용구로, '……가 아는 것과 같다'라는 의미가 있다. 뒤에 모두들 아는 내용이 나온다.

例句1 正如你所知，我不是一个爱热闹的人。

당신이 아는 바와 같이, 전 시끌벅적한 것을 좋아하는 사람이 아니예요.

例句2 正如大家所说，那儿真是一个美丽的地方。

모두들 아는 바와 같이, 그곳은 정말 아름다운 곳이예요.

연습해 보세요

아래 문장을 중국어로 번역하세요.

① 당신이 아는 바와 같이, 이번 기회는 우리 회사에게 매우 중요해요.

→ _____ 。

② 모두가 아는 바와 같이, 전 줄곧 그 회사와 합병하는 것에 반대했어요.

→ _____ 。

---

04 是啊，在我看来，只有快才能出效率。

'在……看来'는 일종의 판단을 나타내며, '……의 입장에서'라는 의미가 있다.

例句1 在我看来，你这样做就是在浪费生命。

제가 보기에, 당신이 이렇게 하는 것은 생명을 낭비하고 있는 거예요.

例句2 在中国人看来，春节是一年中最重要的节日。

중국 사람들에게 있어서, 춘절은 일 년 중 가장 중요한 명절이다.

연습해 보세요

아래 문장을 완성하세요.

① 在妈妈看来， _____ 。

② 在他看来， _____ 。

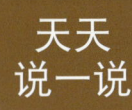

天天说一说

생각 표현하기

다음 질문에 대한 자신의 생각을 자유롭게 이야기해 보세요.

01 你喜欢什么动物？说说理由。

02 你看过大熊猫吗？在你的国家也有大熊猫吗？

03 你的国家有国宝动物吗？

04 你是急性子还是慢性子？

05 你吃饭细嚼慢咽还是狼吞虎咽[1]？

06 你的国家生活节奏[2]快不快？

07 谈谈你对慢生活的看法。

08 谈谈你对快节奏生活的看法。

1. **狼吞虎咽**
   láng tūn hǔ yàn
   성어 게걸스럽게 먹다

2. **节奏** jiézòu
   명 리듬, 템포

다음의 고사성어를 읽어 보세요.

心急吃不了热豆腐。
Xīn jí chī bù liǎo rè dòufu.

不怕慢，只怕站。
Bú pà màn, zhǐ pà zhàn.

欲¹速则不达。
Yù sù zé bù dá.

拔²苗³助长。
Bá miáo zhù zhǎng.

小心驶⁴得万年船。
Xiǎoxīn shǐ dé wàn nián chuán.

마음이 급하면 뜨거운 두부를 먹을 수 없다.
느린 것을 걱정하지 말고, 중도에 그만 두게 되지 않을까 걱정하라.
일을 너무 서두르면 도리어 목적을 달성하지 못한다.
빨리 자라라고 모를 뽑는다. (빠른 성과를 보려고 무리해서 일을 그르친다.)
조심해서 몰아야 배를 오래 몰 수 있다.

1. 欲 yù
   동 …를 하고자 하다

2. 拔 bá
   동 뽑다, 빼다

3. 苗 miáo
   명 싹

4. 驶 shǐ
   동 (차, 배 등을) 운전하다

다음 그림을 보고, 당신이 이런 상황에 처한다면 어떻게 대응할지 말해 보세요.

你的女朋友是慢性子,每次约会都迟到,请你想个办法劝说她。

天天
写一写

글로 표현하기

네 가지의 각 그림 속에 나타난 중국인의 '慢生活'에 대해서 써 보세요.

Unit

3

甜言蜜语
tián yán mì yǔ

감언이설

▶ 벌꿀같이 달콤한 말로, 환심을 사거나 사람을 꾀기 위해 듣기 좋은 말을 하는 것을 비유한 말이다.

生词

단어

🎧 Track 09

☐ 艺术 yìshù 명 예술

☐ 乌鸦 wūyā 명 까마귀

☐ 羽毛 yǔmáo 명 깃털, 짐승의 털

☐ 掉 diào 동 떨어뜨리다

☐ 以为 yǐwéi 동 생각하다

☐ 之间 zhījiān 동 (...의) 사이, 지간

☐ 罢 bà 동 그만두다, 멈추다

☐ 按摩 ànmó 동 마사지하다

☐ 认为 rènwéi 동 생각하다, 여기다

☐ 吓 xià 동 놀라다, 무서워하다

☐ 狐狸 húli 명 여우

☐ 叼 diāo 동 (물체의 일부분을) 입에 물다

☐ 嗓子 sǎngzi 명 목

☐ 语气 yǔqì 명 말투, 어투

☐ 情侣 qínglǚ 명 연인, 애인

☐ 打招呼 dǎ zhāohu 인사하다

☐ 撒娇 sā/jiāo 동 애교 부리다, 응석 부리다

☐ 骂 mà 동 욕하다, 꾸짖다

☐ 差异 chāyì 명 차이

☐ 百听不厌 bǎi tīng bú yàn 성어 아무리 들어도 실증나지 않다

生词热身练习

단어연습 ⠿ 적절한 단어를 골라 빈칸을 채우세요.

① 中国人见面 _____ 的时候常问："吃饭了吗？"。

중국 사람은 만나서 인사할 때, 항상 "식사하셨어요?"라고 묻는다.

② 唱了四个小时的歌以后，我们 _____ 都哑了。

네 시간 동안 노래를 부르고 나니 목이 쉬었다.

③ 从小妈妈就教育我，不要 _____ 人，不要打架。

어렸을 때부터 엄마는 남을 욕하는 사람이 되지 말고, 싸워서도 안 된다고 가르치셨다.

④ 她说话的 _____ 简直让人生气。

그녀의 말하는 어투는 정말 사람을 화나게 한다.

⑤ 我 _____ 他是你的男朋友呢，原来他是你的哥哥啊。

나는 그가 너의 남자 친구라고 생각했는데, 알고 보니 그는 너의 오빠였구나

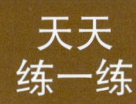

01 ……를 '동사'한다 把……动词+成

▶ 내가 부주의해서 내 전화번호를 엄마 것으로 썼다.
我不小心把我的电话号码写成妈妈的了。

▶ 이것을 중문으로 번역해 주시겠어요?
请你把这个翻译成中文，好吗?

02 또……했다 又……了

▶ 또 잊어버렸죠?
又忘了吧?

▶ 당신 또 담배 피었죠?
你是不是又抽烟了?

03 동사+할 만하다 可+动词+的

▶ 최근에 볼만한 영화가 뭐가 있나요?
最近有什么可看的电影吗?

▶ 집에는 먹을만한 게 없어요.
家里没什么可吃的了。

04 전 ……라고 생각했어요 我还以为……呢

▶ 전 당신이 저를 데리러 오는 줄 알았어요.
我还以为你会来接我呢。

▶ 전 당신이 저한테 화내는 줄 알았어요.
我还以为你生我的气了呢。

短文

　　语言是一门艺术，可把对的说成错的，把错的说成对的。下面就让我们先通过一个小故事来了解一下语言的艺术。

　　从前，有一只狐狸看见树上的乌鸦叼着一片肉。他就对乌鸦说："亲爱的乌鸦，您好吗？"，乌鸦没有回答。狐狸又笑着说："亲爱的乌鸦，您的孩子好吗？"乌鸦看了狐狸一眼，还是没有回答。狐狸又开始说："亲爱的乌鸦，您的羽毛再漂亮不过了，别的鸟和您比起来，可就差多了。您的嗓子真好，谁都爱听您唱歌，简直是百听不厌，您就唱几句吧。"乌鸦听了狐狸的话，就唱了起来。"哇……"她刚一开口，肉就掉了下来。狐狸叼起肉，转身就跑掉了。

会话

张学明	彼得，又和女朋友通话了？一天得打几次电话啊？你们每天哪儿有那么多可聊的啊？
彼得	哈哈，你误会我了。刚才和我通话的人不是我女朋友，而是我妈妈。
张学明	啊，听你刚才说话的语气，我还以为你和女朋友通话呢。"想死你了"、"我爱你"这样的话，在中国只有情侣之间才这么说。
彼得	哦？是吗？在美国，这样的话只不过是日常打招呼罢了。 那你们怎么对父母表达自己的感情呢？
张学明	大部分我们会通过行动来表达，撒撒娇啦，给爸爸按按摩啦……。
彼得	听你这么一说，让我想起了我身边的几个中国朋友。的确和你说的一样，他们跟父母通话的时候，说的最多的就是"嗯，好了。"
张学明	父母对孩子也是一样，不管他们多爱孩子，都不会不停地说"我爱你"。不知道你听没听过这样一句话"打是亲，骂是爱"。
彼得	这句话的意思是父母应该打骂孩子？
张学明	是啊，中国父母认为打骂孩子是爱孩子的表现。是不是听起来有点儿可怕？
彼得	是啊，作为不了解中国文化的外国人，还真难理解这句话的意思。
张学明	这就是中西方的文化差异吧。要是我每天都亲着妈妈说"我爱你"，恐怕妈妈会吓一跳的。
彼得	你不说，妈妈怎么会知道你对她的爱呢？快给你妈妈打电话，告诉她你现在很想她。
张学明	好吧。我就把平时对女朋友说的甜言蜜语说给妈妈听吧。

단문 병음

Yǔyán shì yì mén yìshù, kě bǎ duì de shuō chéng cuò de, bǎ cuò de shuō chéng duì de. Xiàmiàn jiù ràng wǒmen xiān tōngguò yíge xiǎo gùshi lái liǎojiě yíxià yǔyán de yìshù.

Cóngqián, yǒu yì zhī húli kànjiàn shùshàng de wūyā diāozhe yí piàn ròu. Tā jiù duì wūyā shuō: "Qīn'ài de wūyā, nín hǎo ma?", wūyā méiyǒu huídá. Húli yòu xiàozhe shuō: "Qīn'ài de wūyā, nín de háizi hǎo ma?" Wūyā kàn le húli yì yǎn, háishì méiyǒu huídá. Húli yòu kāishǐ shuō: "Qīn'ài de wūyā, nín de yǔmáo zài piàoliang búguò le, biéde niǎo hé nín bǐ qǐlái, kě jiù chà duō le. Nín de sǎngzi zhēn hǎo, shéi dōu ài tīng nín chàng gē, jiǎnzhí shì bǎi tīng bú yàn, nín jiù chàng jǐ jù ba." Wūyā tīng le húli de huà, jiù chàng le qǐlái. "Wā……" Tā gāng yì kāi kǒu, ròu jiù diào le xiàlái. Húli diāoqǐ ròu, zhuǎn shēn jiù pǎodiào le.

Zhāng Xuémíng	Bǐdé, yòu hé nǚpéngyou tōnghuà le? Yì tiān děi dǎ jǐ cì diànhuà a? Nǐmen měitiān nǎr yǒu nàme duō kě liáo de a?
Bǐdé	Hāhā, nǐ wùhuì wǒ le. Gāngcái hé wǒ tōnghuà de rén búshì wǒ nǚpéngyou, érshì wǒ māma.
Zhāng Xuémíng	A, tīng nǐ gāngcái shuō huà de yǔqì, wǒ hái yǐwéi nǐ hé nǚpéngyou tōnghuà ne. "Xiǎngsǐ nǐ le"、"Wǒ ài nǐ" zhèyàng de huà, zài Zhōngguó zhǐyǒu qínglǚ zhījiān cái zhème shuō.
Bǐdé	Ó? Shì ma? Zài Měiguó, zhèyàng de huà zhǐ búguò shì rìcháng dǎ zhāohu bà le. Nà nǐmen zěnme duì fùmǔ biǎodá zìjǐ de gǎnqíng ne?
Zhāng Xuémíng	Dàbùfen wǒmen huì tōngguò xíngdòng lái biǎodá, sāsā jiāo la, gěi bàba àn ànmó la…….
Bǐdé	Tīng nǐ zhème yì shuō, ràng wǒ xiǎngqǐ le wǒ shēnbiān de jǐ ge Zhōngguó péngyou. Díquè hé nǐ shuō de yíyàng, tāmen gēn fùmǔ tōnghuà de shíhou, shuō de zuì duō de jiùshì "Ēn, hǎo le."
Zhāng Xuémíng	Fùmǔ duì háizi yě shì yíyàng, bùguǎn tāmen duō ài háizi, dōu búhuì bùtíng de shuō "Wǒ ài nǐ". Bù zhīdao nǐ tīng méi tīng guo zhèyàng yí jù huà "Dǎ shì qīn, mà shì ài."
Bǐdé	Zhè jù huà de yìsi shì fùmǔ yīnggāi dǎmà háizi?
Zhāng Xuémíng	Shì a, Zhōngguó fùmǔ rènwéi dǎmà háizi shì ài háizi de biǎoxiàn. Shì búshì tīng qǐlái yǒudiǎnr kěpà?
Bǐdé	Shì a, zuòwéi bù liǎojiě Zhōngguó wénhuà de wàiguórén, hái zhēn nán lǐjiě zhè jù huà de yìsi.
Zhāng Xuémíng	Zhè jiùshì zhōngxīfāng de wénhuà chāyì ba. Yàoshi wǒ měitiān dōu qīnzhe māma shuō "Wǒ ài nǐ", kǒngpà māma huì xià yí tiào de.
Bǐdé	Nǐ bù shuō, māma zěnme huì zhīdao nǐ duì tā de ài ne? Kuài gěi nǐ māma dǎ diànhuà, gàosu tā nǐ xiànzài hěn xiǎng tā.
Zhāng Xuémíng	Hǎo ba. Wǒ jiù bǎ píngshí duì nǚpéngyou shuō de tián yán mì yǔ shuō gěi māma tīng ba.

어법 익히기

01 **亲爱的乌鸦，您的羽毛再漂亮不过了。**

'再 A 不过了'는 'A한 정도가 심하다'는 의미가 있으며, A에는 일반적으로 형용사나 심리동사가 온다.

例句1 在这个世界上，妈妈做的菜再好吃不过了。

이 세상에서 엄마가 해 주신 음식이 제일 맛있다.

例句2 你穿这个颜色的衣服再合适不过了。

당신은 이 색의 옷을 입으면 너무 잘 어울려요.

> 배운 내용 확인하기
>
> 아래 문장을 중국어로 번역하세요.
>
> ① 왕사장님은 자주 친구에게 밥을 사주신다. 돈 씀씀이가 전혀 인색하지 않으시다.
>
> → _____。
>
> ② 당신이 내일 우리의 저녁 파티에 참석할 수 있다면, 너무 좋겠어요.
>
> → _____。

02 **听你刚才说话的语气，我还以为你和女朋友通话呢。**

'以为'는 어떤 사람이나 어떤 일에 대해서 잘못 판단했으며, 내린 판단이 사실에 부합하지 않는다는 의미가 있다. '认为'는 증명되지 않은 부정확한 판단에 사용할 수 있다.

例句1 我们都以为迟到了，可是到了机场才发现时间还早。

우리는 모두 지각한 줄 알았는데, 공항에 와서야 시간이 아직 이르다는 것을 알았다.

例句2 你不要以为这次也是全班第一。

네가 이번에도 반에서 1등을 할 거라고 생각하지마.

> 배운 내용 확인하기
>
> 아래 문장을 중국어로 번역하세요.
>
> ① 모두들 그녀가 이번 모임에 참석하지 않을 거라고 생각했다.
>
> → _____。
>
> ② 당신이 아이의 마음을 이해한다고 생각하지 마세요.
>
> → _____。

03 在美国，这样的话**只不过**是日常打招呼**罢了**。

'只不过……罢了'는 '단지 ……에 지나지 않다'라는 의미이다.

例句1 你不至于这么生气吧，我只不过开个玩笑罢了。
당신 이렇게까지 화 낼 필요는 없잖아요. 저는 다만 농담 좀 했을 뿐이에요.

例句2 你不要相信他的话，他只不过随便说说罢了。
당신은 그의 말을 쉽게 믿지 마세요, 그는 그냥 아무 생각없이 말했을 뿐이에요.

아래 문장을 완성하세요.
① 你不用这么伤心，只不过 _____ 罢了。
② _____，只不过我没有别人努力罢了。

04 大部分我们会通过行动来表达，撒撒娇**啦**，给爸爸按按摩**啦**……。

'A啦, B啦, C啦…….'는 열거를 할 때 자주 사용하는 표현이다.

例句1 人们上网的时候经常购物啦，查资料啦，玩游戏啦。
사람들은 인터넷을 할 때, 자주 쇼핑도 하고, 자료도 찾고, 게임도 한다.

例句2 我去过中国很多地方，比如说四川啦，云南啦，内蒙古等等。
나는 중국의 여러 곳을 가 봤는데, 예를 들면 사천도 가 봤고, 운남도 가 봤고, 내몽고 등을 가 봤다.

아래 문장을 완성하세요.
① 我吃过不少中国菜，_____。
② 周末一个人呆在家里的时候，_____。

05 **作为**不了解中国文化的外国人，还真难理解这句话的意思。

개사 '作为'는 사람의 어떤 신분이나 사물의 성격을 말할 때 쓰인다.

例句1 作为一个学生，应该努力学习。

학생으로서, 공부를 잘 해야 한다.

例句2 作为一个领导，你应该对这件事负责任。

리더로서, 당신은 이 일에 대해서 책임을 져야 합니다.

따라 말하기

아래 문장을 완성하세요.

① 作为一个男人，_____。

② 作为一名人民警察，_____。

생각 표현하기

다음 질문에 대한 자신의 생각을 자유롭게 이야기해 보세요.

01 学了《狐狸和乌鸦》的故事，你有什么感受[1]？

1. 感受 gǎnshòu
명 느낌, 감상

02 我们应该向狐狸学习什么？

2. 含蓄 hánxù
형 함축적이다

03 如果你是狐狸,你还会对乌鸦说什么样的甜言蜜语?

3. 开放 kāifàng
형 개방적이다

04 在你们国家，父母对儿女怎么表达感情？

05 在你们国家，儿女对父母怎么表达感情？

06 平时你会对谁说些甜言蜜语?对他(她)说什么?

07 你是否常和父母发生误会?因为什么发生误会?

08 你表达感情的时候,是含蓄[2]型的还是开放[3]型的?

다음의 고사성어를 읽어 보세요.

情人眼里出西施[1]。
Qíngrén yǎn lǐ chū xīshī.

平平淡[2]淡才是真。
Píngpíngdàndàn cái shì zhēn.

我相信我爱你。依然。始终。永远。
Wǒ xiāngxìn wǒ ài nǐ. Yīrán. Shǐzhōng. Yǒngyuǎn.

有爱情的生活是幸福的,
Yǒu àiqíng de shēnghuó shì xìngfú de,

为爱情而生活是愚蠢[3]的。
wèi àiqíng ér shēnghuó shì yúchǔn de.

世上最遥远的距离[4], 不是生与死的距离,
Shìshàng zuì yáoyuǎn de jùlí, búshì shēng yǔ sǐ de jùlí,

而是我就站在你面前, 你却不知道我爱你。
érshì wǒ jiù zhànzài nǐ miàn qián, nǐ què bù zhīdao wǒ ài nǐ.

- 사랑하는 사람 눈에는 상대방의 곰봇자국도 보조개로 보인다.
- 평범한 것이 진정한 것이다.
- 내가 상대를 사랑하는 것을 믿는다. 한결같이, 줄곧, 영원히.
- 사랑이 있는 생활은 행복한 것이다,
  사랑을 위해서 생활하는 것은 미련한 짓이다.
- 세상에서 가장 까마득한 거리는
  삶과 죽음의 거리가 아니다.
  내가 상대의 앞에 서 있는데도,
  상대는 내가 자신을 사랑하는 것을
  모르는 것이다.

1. 西施 xīshī
   명 서시(월나라 미녀),
   미인

2. 平淡 píngdàn
   형 평범하다, 보통이다

3. 愚蠢 yúchǔn
   형 미련하다, 어리석다

4. 距离 jùlí
   명 거리, 간격

다음 그림을 보고, 당신이 이런 상황에 처한다면 어떻게 대응할지 말해 보세요.

你回家的时候，发现妈妈正在偷看你的日记。
这时你会对妈妈说什么呢？

글로 표현하기

네 가지의 그림을 보고 이야기를 만들어 써 보세요.

Unit

4

苦尽甘来
kǔ jìn gān lái

고진감래

▶ '甘'은 '달다'라는 의미로, 행복을 비유한다.

▶ 어려운 날이 지나고 나면, 아름다운 날이 온다는 뜻이다.

□ 由于 yóuyú 접 ～때문에

□ 放弃 fàngqì 동 포기하다

□ 正确 zhèngquè 형 정확하다

□ 效益 xiàoyì 명 성과, 이득

□ 房地产 fángdìchǎn 명 부동산

□ 轻松 qīngsōng 형 가볍다, 부담이 없다

□ 挑战 tiǎozhàn 동 맞서다, 도전하다

□ 秘诀 mìjué 명 비결

□ 建议 jiànyì 동 건의하다

□ 白手起家 bái shǒu qǐ jiā 성어 자수성가하다

□ 死记硬背 sǐ jì yìng bèi 성어 (이해도 못 하면서) 무턱대고 외우다

□ 不得不 bùdébù 부 어쩔 수 없이

□ 于是 yúshì 접 그래서

□ 经营 jīngyíng 동 운영하다, 경영하다

□ 富翁 fùwēng 명 부자

□ 瞒 mán 동 감추다, 속이다

□ 面子 miànzi 명 체면, 면목

□ 提高 tígāo 동 (위치, 수준, 질, 수량) 향상시키다

□ 冤枉 yuānwang 동 억울한 누명을 씌우다

□ 底 dǐ 명 끝

生词热身练习 단어연습 ⠿ 적절한 단어를 골라 빈칸을 채우세요.

(1) 成功的 [____] 就是坚持到底。

성공의 <u>비결</u>은 끝까지 견지해 나가는 것이다.

(2) [____] 天气大雾，飞机不能准时起飞。

짙은 안개로 인해, 비행기가 제시간에 이륙하지 못했다.

(3) 不是我故意想 [____] 你，是担心你听了这个消息会太伤心。

제가 고의로 당신을 <u>속이고</u> 싶었던 게 아니라, 당신이 이 소식을 들으면 너무 상심할 까 걱정되서요.

(4) 你应该理解他，他这个人就是太爱 [____] 了。

당신이 그를 이해해야 합니다. 그는 <u>체면</u>을 너무 중시하는 사람이에요.

(5) 不是你做不到，而是你没有 [____] 的勇气。

당신이 못 하는 게 아니라, <u>도전할</u> 용기가 없어서 그래요.

01 상상한 만큼 그렇게 ⋯⋯는 않아요 没有想象的那么⋯⋯

▶ 어제 우리는 당신이 추천한 그 식당에 갔었는데, 상상한 만큼 그렇게 맛있지는 않았어요.
昨天我们去了你推荐的那家饭馆儿，没有想象的那么好吃。

▶ 그녀는 원래 상상한 것처럼 그렇게 아름답지 않았다.
她根本没有想象的那么漂亮。

02 별거 아니에요. 没什么大不了的。

▶ 단지 작은 상처에 지나지 않아요, 별거 아니에요.
只是受了一点儿小伤而已，没什么大不了的。

▶ 잃어버린 지갑에 현금이 많지 않았어요, 별거 아니에요.
丢的钱包里现金不多，没什么大不了的。

03 정말 ⋯⋯ 속수무책이다. 真拿⋯⋯没办法。

▶ 엄마가 무슨 말을 해도 그녀는 듣지 않으니, 아이는 정말 속수무책이다.
妈妈说什么她都不听，真拿孩子没办法。

▶ 선생님에게 열심히 공부하지 않는 학생은 정말 속수무책이다.
老师真拿不努力学习的学生没办法。

04 제 생각에⋯⋯ 依我看⋯⋯。

▶ 제 생각에, 그는 결코 당신이 한 말을 믿지 않아요.
依我看，他并没有相信你说的话。

▶ 제 생각에, 건강을 위해서 당신은 빨리 금연하는 게 가장 좋겠어요.
依我看，为了健康，你最好快点儿把烟戒了。

短文

　　他出生于20世纪20年代，十几岁的时候，父亲就去世了。由于他是家中长子，不得不帮母亲照顾全家的生活。中学时他就放弃了学业，开始打工挣钱。几年辛苦的社会生活让他成熟了很多，也让他学到了很多书本上没有的知识。后来，他开始在一家工厂工作，18岁就当上了工厂里的部门经理。几年后，他准备开始自己的事业，于是他开了一家工厂。初期，并没有想象的那么好。但是在他的正确经营下，工厂的效益越来越好，30岁的他已经成了千万富翁。随后，他在房地产市场上又一次成功了。此后，他成为全球华人中的首富。

　　他就是白手起家的亚洲首富——李嘉诚。[*]

李嘉诚 Lǐ Jiāchéng 중국과 동아시아 전역에서 가장 부유한 인물

会话

张学明　你脸色怎么看起来这么差？有什么烦心事吗？

金大韩　不瞒你说，上个月的汉语水平考试我又考砸了。我都考了三次了。有的同学只考了一次，就轻松通过了，想一想好没面子啊。

张学明　啊，原来是这么回事儿啊。我还以为出了什么大事呢。其实这没什么大不了的，好好儿准备，再挑战一次呗。

金大韩　哪儿有你说得那么容易？说真的，我真拿自己没办法。到底怎么才能通过考试呢？

张学明　依我看，能不能通过考试不重要，重要的是怎样真正提高汉语水平。

金大韩　那你快教教我提高汉语水平的秘诀吧。

张学明　谈不上有什么秘诀。"只要功夫深，铁杵磨成针。"[*]你多努力背背单词。

金大韩　这你可真是冤枉我了。我每天花两个小时背单词呢。

张学明　只背单词不说汉语，背再多的单词也没有用啊。我建议你多交一些中国朋友，多了解一些中国文化。

金大韩　你说得太对了，这正是我的问题。单词我都知道，但就是说不出句子来。

张学明　除此以外，你平时还可以多看看中国电影、电视剧。我个人觉得这对学习汉语非常有帮助。

金大韩　听你这么一说，我好像找到了学习的方向。看来，我要活学活用，不能死记硬背。

张学明　学好一门外语不是容易的事。不过，只要你找到适合你的方法，坚持到底，才能"苦尽甘来"。

"只要功夫深，铁杵磨成针。" Zhǐ yào gōng fū shēn, tiě chǔ mó chéng zhēn.
공을 들여 열심히 노력하면, 절굿공이도 갈아서 바늘로 만들 수 있다.

Tā chūshēng yú èrshí shìjì èrshí niándài, shí jǐ suì de shíhou, fùqīn jiù qùshì le. Yóuyú tā shì jiāzhōng zhǎngzǐ, bùdébù bāng mǔqīn zhàogù quánjiā de shēnghuó. Zhōngxué shí tā jiù fàngqì le xuéyè, kāishǐ dǎ gōng zhèng qián. Jǐ nián xīnkǔ de shèhuì shēnghuó ràng tā chéngshú le hěn duō, yě ràng tā xuédào le hěn duō shūběn shàng méiyǒu de zhīshi. Hòulái, tā kāishǐ zài yì jiā gōngchǎng gōngzuò, shíbā suì jiù dāng shàng le gōngchǎng lǐ de bùmén jīnglǐ. Jǐ nián hòu, tā zhǔnbèi kāishǐ zìjǐ de shìyè, yúshì tā kāi le yì jiā gōngchǎng. Chūqī, bìng méiyǒu xiǎngxiàng de nàme hǎo. Dànshì zài tā de zhèngquè jīngyíng xià, gōngchǎng de xiàoyì yuèláiyuè hǎo, sānshí suì de tā yǐjīng chéng le qiānwàn fùwēng. Suíhòu, tā zài fángdìchǎn shìchǎng shàng yòu yí cì chénggōng le. Cǐhòu, tā chéngwéi quánqiú huárén zhōng de shǒufù.

Tā jiùshì bái shǒu qǐ jiā de Yàzhōu shǒufù Lǐ Jiāchéng.

회화 병음

Zhāng Xuémíng　Nǐ liǎnsè zěnme kàn qǐlái zhème chà? Yǒu shénme fánxīn shì ma?

Jīn Dàhán　Bù mán nǐ shuō, shàng ge yuè de Hànyǔ shuǐpíng kǎoshì wǒ yòu kǎozá le. Wǒ dōu kǎo le sān cì le. Yǒude tóngxué zhǐ kǎo le yí cì, jiù qīngsōng tōngguò le, xiǎng yi xiǎng hǎo méi miànzi a.

Zhāng Xuémíng　À, yuánlái shì zhème huí shìr a. Wǒ hái yǐwéi chū le shénme dàshì ne. Qíshí zhè méi shénme dà bù liǎo de, hǎohāor zhǔnbèi, zài tiǎozhàn yí cì bei.

Jīn Dàhán　Nǎr yǒu nǐ shuō de nàme róngyì? Shuō zhēn de, wǒ zhēn ná zìjǐ méi bànfǎ. Dàodǐ zěnme cái néng tōngguò kǎoshì ne?

Zhāng Xuémíng　Yī wǒ kàn, néng bù néng tōngguò kǎoshì bú zhòngyào, zhòngyào de shì zěnyàng zhēnzhèng tígāo Hànyǔ shuǐpíng.

Jīn Dàhán　Nà nǐ kuài jiāojiao wǒ tígāo Hànyǔ shuǐpíng de mìjué ba.

Zhāng Xuémíng　Tán bú shàng yǒu shénme mìjué. "Zhǐyào gōngfu shēn, tiě chǔ mó chéng zhēn." Nǐ duō nǔ lì bèibei dāncí.

Jīn Dàhán　Zhè nǐ kě zhēn shì yuānwang wǒ le. Wǒ měitiān huā liǎng ge xiǎoshí bèi dāncí ne.

Zhāng Xuémíng　Zhǐ bèi dāncí bù shuō Hànyǔ, bèi zài duō de dāncí yě méi yǒuyòng a. Wǒ jiànyì nǐ duō jiāo yìxiē Zhōngguó péngyou, duō liǎojiě yìxiē Zhōngguó wénhuà.

Jīn Dàhán　Nǐ shuō de tài duì le, zhè zhèngshì wǒ de wèntí. Dāncí wǒ dōu zhīdao, dàn jiùshì shuō bù chū jùzi lái.

Zhāng Xuémíng　Chú cǐ yǐwài, nǐ píngshí hái kěyǐ duō kànkan Zhōngguó diànyǐng、diànshìjù. Wǒ gèrén juéde zhè duì xuéxí Hànyǔ fēicháng yǒu bāng zhù.

Jīn Dàhán　Tīng nǐ zhème yì shuō, wǒ hǎoxiàng zhǎodào le xuéxí de fāngxiàng. Kànlái, wǒ yào huóxué huóyòng, bùnéng sǐ jì yìng bèi.

Zhāng Xuémíng　Xuéhǎo yì mén wàiyǔ búshì róngyì de shì. Búguò, zhǐyào nǐ zhǎodào shìhé nǐ de fāngfǎ, jiānchí dào dǐ, cái néng "kǔ jìn gān lái".

어법 익히기

01 由于他是家中长子，不得不帮母亲照顾全家的生活。

'不得不'는 관용어로 자주 쓰이며 '不得已'와 의미가 비슷하다. '어찌해 볼 도리가 없다', '반드시 …해야 한다'의 의미가 있다.

例句1 外面下着大雨，我不得不带把雨伞出门。

밖에 비가 많이 오고 있어서, 나는 어쩔 수 없이 우산을 쓰고 밖을 나갔다.

例句2 妈妈身体不舒服，我不得不在家照顾她。

어머니는 몸이 좋지 않으셔서, 난 어쩔 수 없이 집에서 어머니를 간호했다.

> 바꿔써보아요
>
> '不得不'를 이용해 의미가 바뀌지 않도록 문장을 바꿔보세요.
>
> ① 今天下午的会议非常重要，你必须参加。
>
> → _____。
>
> ② 领导交给我的工作我还没做完，今晚必须熬夜了。
>
> → _____。

02 几年后，他准备开始自己的事业，于是他开了一家工厂。

접속사 '于是'는 뒤의 일이 앞의 일과 이어져 있으며, 뒤의 일은 종종 앞의 일로 야기되어 일어난다는 의미가 있다.

例句1 大家这么一鼓励，于是我又恢复了信心。

모두들 이렇게 격려해 줘서, 저는 자신감을 다시 회복했어요.

例句2 小明回家以后发现谁都不在家，于是给父母打了电话。

샤오밍은 집에 돌아와서 아무도 집에 없다는 것을 발견하고, 부모님께 전화를 했다.

> 바꿔써보아요
>
> 아래 문장을 완성하세요.
>
> ① 看看离火车出发的时间还早，于是_____。
>
> ② 我昨晚熬夜写报告，今早起晚了，于是_____。

03 但是在他的正确经营下，工厂的效益越来越好，30岁的他已经成了千万富翁。

'在……下'는 어떤 조건 하에서, 어떤 행위가 이 조건에 따라 달성되었다는 의미이다.

例句1 在老师的帮助下，他的学习成绩越来越好。
선생님의 도움으로, 그의 학업 성적은 갈수록 좋아졌다.

例句2 在大家共同的努力下，我们公司达成了今年预期的目标。
모두의 노력으로, 우리 회사는 올해의 예정 목표를 달성했습니다.

아래 문장을 중국어로 번역하세요.

① 친구의 격려로, 그는 다시 한 번 도전하기로 결정했다.

→ _____。

② 의사의 진료와 보살핌 속에서, 그녀의 건강은 회복이 갈수록 빨라졌다.

→ _____。

04 不瞒你说，上个月的汉语水平考试我又考砸了。

'不瞒 A 说'는 삽입어로서, A에는 '你', '你们', '大家' 등이 오며, '다른 사람의 앞에서는 감히 거짓말을 할 수 없어서, 사실대로 말한다'는 의미가 있다.

例句1 不瞒你们说，我早就听说他要结婚的消息了。
솔직히 말하자면, 저는 일찍 그가 결혼한다는 소식을 들었어요.

例句2 不瞒你说，这个月的工资都花光了，没钱交房租了。
솔직히 말하면, 이번 달 월급을 다 써버려서, 방세를 낼 돈이 없어요.

아래 문장을 완성하세요.

① 不瞒你说，_____。

② 不瞒你们说，_____。

05 只背单词不说汉语，背<u>再</u>多的单词<u>也</u>没有用啊。

'再+형용사(형용사 단어)+…也…'의 의미는 '얼마나 …할지라도 …하다'는 뜻으로, '양보 가정'의 의미가 있다. '也' 뒤에 나오는 상황이 앞의 조건에 따라서 변하지 않는다는 것을 강조한다.

例句1 听朋友说商场最近有打折活动，可是再便宜的东西我也不买。

친구에게 듣자 하니, 쇼핑센터가 요즘 할인 행사를 한다던데, 물건이 아무리 저렴해도 난 사지 않을 것이다.

例句2 最近老王消化不良，你请他吃再好吃的东西他也吃不下。

요즘 라오왕이 소화가 잘 되지 않아서, 당신이 그에게 그 어떤 맛있는 음식을 사줘도, 그는 잘 못 먹을거예요.

사부작 연습하기

아래 문장을 중국어로 번역하세요.

① 아무리 재미있는 공포 영화라도 전 안 보고 싶어요.

→ _____ 。

② 당신이 아무리 듣기 좋은 말을 해도, 전 관심이 없어요.

→ _____ 。

天天
说一说

생각 표현하기

다음 질문에 대한 자신의 생각을 자유롭게 이야기해 보세요.

01 你认为李嘉诚成功的关键[1]是什么？

02 你是否有和李嘉诚差不多的经历[2]？

03 你还知道哪些名人的成功经历吗？说来听听。

04 请你谈谈一次"苦尽甘来"的经历。

05 你学习汉语的时候，有什么样的困难[3]？
你是怎么克服[4]的？

06 你有学习汉语的秘诀吗？请具体说一说。

07 学习汉语最大的乐趣[5]是什么？

08 为了学好汉语，你还要做哪些努力？

1. 关键 guānjiàn
   명 관건, 키포인트

2. 经历 jīnglì
   명 경험

3. 困难 kùnnan
   명 곤란, 어려움

4. 克服 kèfú
   동 극복하다

5. 乐趣 lèqù
   명 즐거움, 기쁨

다음의 고사성어를 읽어 보세요.

失败是成功之母。
Shībài shì chénggōng zhī mǔ.

一分耕耘[1]，一分收获[2]。
Yì fēn gēngyún, yì fēn shōuhuò.

谋[3]事在人，成事在天。
Móu shì zài rén, chéng shì zài tiān.

耕耘的汗水和收获的果实成正比。
Gēngyún de hànshuǐ hé shōuhuò de guǒshí chéng zhèngbǐ.

失败，对弱[4]者是一次打击[5]，
Shībài, duì ruòzhě shì yí cì dǎjī,

对强者却是一次激励[6]。
duì qiángzhě què shì yí cì jīlì.

– 실패는 성공의 어머니이다.
– 노력한 만큼 보람을 얻는다.
– 일의 계획은 사람이 하지만, 그 일의 성패는 하늘에 달려있다.
– 부지런히 일한 땀과 수확의 과실은 정비례한다.
– 실패는 약자에게는 충격이지만,
  강자에게는 격려이다.

1. 耕耘 gēngyún
   명 경작
   동 땅을 갈고 김매다,
       부지런히 일하다

2. 收获 shōuhuò
   명 수확물 동 수확하다

3. 谋 móu
   동 계획하다

4. 弱 ruò
   형 약하다

5. 打击 dǎjī
   동 의욕이나 기를 꺾다,
       타격을 주다

6. 激励 jīlì
   동 격려하다, 북돋워 주다

다음 그림을 보고, 당신이 이런 상황에 처한다면 어떻게 대응할지 말해 보세요.

你的朋友为了找工作，应聘了好几家公司，可是面试都没通过。
看着朋友着急、灰心的样子，你应该怎么安慰他(她)呢?

글로 표현하기

네 가지의 그림을 보고 이야기를 만들어 써 보세요.

Unit

5

一举两得
yì jǔ liǎng dé

일거양득

▶ 한 가지 일을 해서 두 가지 이득을 얻는다는 뜻이다.

단어

- □ 甚至 shènzhì 접 ~까지도
- □ 保护 bǎohù 동 보호하다
- □ 堆积 duījī 동 (사물이) 쌓여있다, 쌓아올리다
- □ 餐具 cānjù 명 식기
- □ 袋子 dàizi 명 주머니, 봉지
- □ 危险 wēixiǎn 형 위험하다
- □ 据说 jùshuō 동 말하는 바에 의하면
- □ 私家车 sījiāchē 명 자가용
- □ 敢 gǎn 동 자신있게 …하다, 과감하게 …하다
- □ 租 zū 동 세내다, 세를 주다
- □ 举一反三 jǔ yī fǎn sān 성어 하나를 들으면 열을 안다

- □ 扔 rēng 동 버리다
- □ 资源 zīyuán 명 자원
- □ 不妨 bùfáng 동 (…해도) 괜찮다, 무방하다
- □ 超市 chāoshì 명 슈퍼마켓, 마트
- □ 嫌 xián 동 싫어하다, 불만스럽게 생각하다
- □ 难怪 nánguài 부 어쩐지, 알고 보니
- □ 拥有 yōngyǒu 동 가지다, 지니다
- □ 节省 jiéshěng 동 아끼다, 절약하다
- □ 郊游 jiāoyóu 동 교외로 소풍가다
- □ 欣赏 xīnshǎng 동 감상하다, 좋아하다

生词热身练习　단어연습　⠿ 적절한 단어를 골라 빈칸을 채우세요.

① 中国的旅游 _____ 可真是应有尽有。

중국의 여행 <u>자원</u>은 정말 없는 것이 없다.

② _____ 去尝尝那家有名的拿手菜。

그 가게의 가장 자신있는 요리를 맛 보는 것도 <u>괜찮을</u> 것 같아요.

③ _____ 他这几天看上去很伤心，原来和女朋友分手了。

<u>어쩐지</u> 그가 요 며칠간 매우 슬퍼 보였는데, 알고 보니 여자 친구와 헤어졌었군요.

④ 我原来就不 _____ 看恐怖片。

저는 원래 공포영화를 <u>감히</u> 못 봐요.

⑤ 别 _____ 它看起来不漂亮，用起来可方便了。

보기에 예쁘지 않다고 <u>싫어하지는</u> 말아요, 써 보면 매우 편리하거든요.

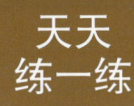

天天
练一练　　**핵심문형 패턴연습하기**

01　……의 입장에서 보면　**从……的角度看**

▶ 의학의 관점에서 보면, 어떻게 다이어트 하는 것이 빠르고 건강하기도 할까요?
　从医学的角度看，怎样减肥会又快又健康呢？

▶ 부모님의 입장에서 보면, 남자 아이가 좋을까요, 여자 아이가 좋을까요?
　从父母的角度看，男孩儿好还是女孩儿好？

02　……할 때 마다　**当……的时候**

▶ 내가 매번 이 옷을 볼 때 마다, 어머니가 생각날 거에요.
　每当我看见这件衣服的时候，就会想起母亲。

▶ 당신이 집이 그리울 때마다, 부모님께 전화하세요.
　当你想家的时候，就给父母打个电话。

03　A는 B라고 불린다　**A被称为B**

▶ 제주도는 '동방의 하와이'라고 불린다.
　济州岛被称为"东方夏威夷"。

▶ 고궁은 또한 자금성이라고 불린다
　故宫又被称为紫禁城。

04　……를 가지고 놀리다　**拿……开玩笑**

▶ 당신이 말한 것은 진짜예요, 가짜예요? 저 가지고 놀리지 마세요.
　你说的是真的还是假的啊？可别拿我开玩笑。

▶ 우리는 다른 사람의 약점을 가지고 놀리면 안 돼요.
　我们不应该拿别人的缺点开玩笑。

短文

　　如今，人们的生活节奏越来越快，"一次性用品"越来越受到欢迎。甚至在家里，也有许多人使用"一次性用品"，图方便，用完就扔。虽然"一次性用品"给人们的生活带来了方便，但是从保护环境的角度看，"一次性用品"却是大量资源的浪费与垃圾的堆积。如果我们从现在开始拒绝"一次性用品"，是不是既可以省钱，又可以保护环境呢？当你去咖啡厅的时候，不妨自备个杯子；当你去郊游的时候，自备些餐具；当你去超市的时候，自备个袋子。千万不要嫌麻烦，保护环境就应该从小事做起。

会话

金大韩	我发现中国骑自行车上下班的人怎么那么多？在马路上骑自行车不危险吗？
章学友	没你想得那么危险。在我们国家，自行车可是重要的交通工具之一。小时候我家一人有一辆自行车。
金大韩	难怪中国被称为"自行车王国"。据说中国是自行车产量最大和拥有量最多的国家。
章学友	是啊，可以说十有八九的中国人都会骑自行车。虽然最近有私家车的人越来越多，可是因为大城市堵车问题严重，还是有不少人选择骑自行车上下班。
金大韩	是啊，以前大部分人骑自行车是为了运动，而如今把自行车当成交通工具的热风开始流行起来。
章学友	我觉得这没什么不好啊！骑自行车除了节省交通费以外，还可以锻炼身体。真是一个"一举两得"的好办法啊。
金大韩	我们也可以说是个"一举三得"的好办法，不仅可以节省交通费、锻炼身体，还可以保护环境呢。
章学友	对对对，你汉语进步不小啊！知道成语的意思不说，还可以举一反三。真有两下子啊！
金大韩	过奖，过奖！难道你没听过"近朱者赤，近墨者黑"*吗？
章学友	哇塞，我都不敢拿你开玩笑了。对了，上次咱们约好了这周末去郊游，你没忘吧？要不咱们租自行车去郊游吧。
金大韩	好主意啊！咱们既可以欣赏郊外美景，又可以骑车锻炼身体，还可以节省交通费。简直是"一举三得"啊！

"近朱者赤，近墨者黑" Jìn zhū zhě chì jìnmò zhě hēi.
좋은 사람을 가까이 하면 좋게 변하고, 나쁜 사람과 가까이 하면 나쁘게 변한다.

Rújīn, rénmen de shēnghuó jiézòu yuèláiyuè kuài, "yícìxìng yòngpǐn" yuèláiyuè shòudào huānyíng. Shènzhì zài jiālǐ, yě yǒu xǔduō rén shǐyòng "yícìxìng yòngpǐn", tú fāngbiàn, yòngwán jiù rēng. Suīrán "yícìxìng yòngpǐn" gěi rénmen de shēnghuó dàiláile fāngbiàn, dànshì cóng bǎohù huánjìng de jiǎodù kàn, "yícìxìng yòngpǐn" què shì dàliàng zīyuán de làngfèi yǔ lājī de duījī. Rúguǒ wǒmen cóng xiànzài kāishǐ jùjué "yícìxìng yòngpǐn", shìbúshì jì kěyǐ shěng qián, yòu kěyǐ bǎohù huánjìng ne? Dāng nǐ qù kāfēitīng de shíhou, bùfáng zìbèi ge bēizi; dāng nǐ qù jiāoyóu de shíhou, zìbèi xiē cānjù; dāng nǐ qù chāoshì de shíhou, zìbèi ge dàizi. Qiānwàn búyào xián máfan, bǎohù huánjìng jiù yīnggāi cóng xiǎo shì zuò qǐ.

Jīn Dàhán	Wǒ fāxiàn Zhōngguó qí zìxíngchē shàng xià bān de rén zěnme nàme duō? Zài mǎlù shàng qí zìxíngchē bù wēixiǎn ma?
Zhāng Xuéyǒu	Méi nǐ xiǎng de nàme wēixiǎn. Zài wǒmen guójiā, zìxíngchē kěshì zhòngyào de jiāotōng gōngjù zhī yī. Xiǎoshíhou wǒ jiā yì rén yǒu yí liàng zìxíngchē.
Jīn Dàhán	Nánguài Zhōngguó bèi chēngwéi "zìxíngchē wángguó". Jùshuō Zhōngguó shì zìxíngchē chǎnliàng zuì dà hé yōngyǒuliàng zuì duō de guójiā.
Zhāng Xuéyǒu	Shì a, kěyǐ shuō shí yǒu bājiǔ de Zhōngguórén dōu huì qí zìxíngchē. Suīrán zuìjìn yǒu sījiāchē de rén yuèláiyuè duō, kěshì yīnwèi dàchéngshì dǔ chē wèntí yánzhòng, háishì yǒu bù shǎo rén xuǎnzé qí zìxíngchē shàng xià bān.
Jīn Dàhán	Shì a, yǐqián dàbùfen rén qí zìxíngchē shì wèile yùndòng, ér rújīn bǎ zìxíngchē dàngchéng jiāotōng gōngjù de rèfēng kāishǐ liúxíng qǐlái.
Zhāng Xuéyǒu	Wǒ juéde zhè méi shénme bù hǎo a! Qí zìxíngchē chúle jiéshěng jiāotōngfèi yǐwài, hái kěyǐ duànliàn shēntǐ. Zhēn shì yíge "yì jǔ liǎng dé" de hǎo bànfǎ a.
Jīn Dàhán	Wǒmen yě kěyǐ shuō shì ge "yì jǔ sān dé" de hǎo bànfǎ, bùjǐn kěyǐ jiéshěng jiāotōngfèi、duànliàn shēntǐ, hái kěyǐ bǎohù huánjìng ne.
Zhāng Xuéyǒu	Duì duì duì, nǐ Hànyǔ jìnbù bù xiǎo a! Zhīdao chéngyǔ de yìsi bù shuō, hái kěyǐ jǔ yī fǎn sān. Zhēn yǒu liǎngxiàzi a!
Jīn Dàhán	Guòjiǎng, guòjiǎng! Nándào nǐ méi tīng guo "Jìn zhū zhě chì, jìn mò zhě hēi" ma?
Zhāng Xuéyǒu	Wā sāi, wǒ dōu bùgǎn ná nǐ kāi wánxiào le. Duì le, shàngcì zánmen yuēhǎo le zhè zhōumò qù jiāoyóu, nǐ méi wàng ba? Yàobù zánmen zū zìxíngchē qù jiāoyóu ba.
Jīn Dàhán	Hǎo zhǔyi a! Zánmen jì kěyǐ xīnshǎng jiāowài měijǐng, yòu kěyǐ qí chē duànliàn shēntǐ, hái kěyǐ jiéshěng jiāotōngfèi. Jiǎnzhí shì "yì jǔ sān dé" a!

어법 익히기

01 甚至在家里，也有许多人使用"一次性用品"，图方便，用完就扔。

'图'는 어떤 행동을 취해서 얻고 싶다는 의미가 있다. 구어에서 자주 쓰이며, 어떤 목적을 위한다는 의미가 있다.

例句1 找对象的时候，不能光图漂亮，要看重性格。

이성을 찾을 때는 아름다운 것만 보지 말고, 성격을 중요시해야 한다.

例句2 小李做事情的时候只图快，不图质量。

샤오리는 일을 할 때, 빨리 하기만을 바랄 뿐, 일의 질은 중요시하지 않는다.

다음 문장을 중국어로 번역하세요.

① 어머니는 항상 나에게 말씀하신다. 운전을 할 때 안전에 주의하라고, 속도만 빨리 가려고 하지 말고.

→ _____ 。

② 물건을 살 때 저렴한 것만 추구해서는 안된다.

→ _____ 。

02 当你去咖啡厅的时候，不妨自备个杯子

'不妨'은 이렇게 할 수 있으며, 어떤 방해도 없다는 의미가 있다.

例句1 有什么要求或者意见，您不妨对我说。

어떤 요구나 의견이 있으면, 저에게 말씀하셔도 괜찮아요.

例句2 你不妨试试这款新出的化妆品。

새로 출시된 화장품을 써보셔도 괜찮을 것 같아요.

다음 문장을 중국어로 번역하세요.

① 듣자 하니 여기 근처에 쓰촨 요리집이 개업했다던데, 우리 오늘 저녁에 맛 보러 가는 것도 괜찮을 것 같아요.

→ _____ 。

② 당신은 선생님의 제안을 좀 더 들어보아도 좋을 것 같아요.

→ _____ 。

03 千万不要嫌麻烦，保护环境就应该从小事做起。

'嫌'은 '몹시 싫어하다,' '만족하지 못하다'의 의미가 있다.

例句1 她之所以没和他结婚，是因为她嫌他没有钱。

그녀가 그와 결혼하지 않은 이유는, 그가 돈이 없는 것을 싫어했기 때문이다.

例句2 子不嫌母丑，狗不嫌家贫。

자식은 어머니가 못 생긴 걸 싫어하면 안 되며, 개는 집 주인이 가난한 것을 싫어하면 안 된다.

연습해 보아요

'嫌'을 이용해 문장을 바꿔보세요. (문장의 의미는 변하지 않도록)

① 顾客因为价格太贵，所以没买。

→ _____。

▶ ② 越怕麻烦，越可能错过很多机会。

→ _____。

---

04 难怪中国被称为"自行车王国"。

'难怪'는 '怪不得(어쩐지)'의 의미이다.

例句1 难怪领导这么喜欢他，原来他们是亲戚关系啊。

어쩐지 리더가 그렇게 그를 좋아하더니, 알고 보니 그들은 친척 관계였군요.

例句2 我以前在哪儿见过他，难怪这么面熟。

나는 예전에 어디선가 그를 만난 적이 있어요, 어쩐지 너무 낯이 익네요.

연습해 보아요

다음 문장을 완성하세요.

① _____，难怪老师会很生气。

▶ ② 难怪他今天这么高兴，_____。

---

05 知道成语的意思不说，还可以举一反三。

'……不说, 还……'는 '除了……, 还……(……를 제외하고, 또……)'의 의미와 같다.'

例句1 明明是他做错了，他不道歉不说，还骂我。

분명히 그가 잘못한건데, 사과를 하기는커녕 나에게 욕을 했다.

例句2 这次考试小明是我们班第一不说，还是全校第一。

이번 시험에서 샤오밍은 우리 반에서 일등을 했을 뿐더러, 전교에서도 일등을 했다.

다음 문장을 중국어로 번역하세요.

① 우리는 회사에서 좋은 동료일 뿐더러, 가장 좋은 친구이다.

→ _____。

② 이 물건은 저렴할 뿐더러, 매우 쓸만하다.

→ _____。

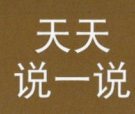
생각 표현하기

다음 질문에 대한 자신의 생각을 자유롭게 이야기해 보세요.

01 你经常使用的一次性用品是什么？

02 请你来谈谈一次性用品的优缺点。

03 你们国家骑自行车的人多吗？

04 和十年前相比，韩国的环境有哪些变化？

05 请简单谈谈目前[1]环境污染[2]问题。

06 你是否做过有关环保的公益活动[3]？

07 请你介绍一个"一举两得"的环保好方法。

08 我们人类[4]应该怎样减少[5]对环境的污染？

1. 目前 mùqián
   명 지금, 현재

2. 污染 wūrǎn
   동 오염시키다

3. 公益活动
   gōngyì huódòng
   공익활동

4. 人类 rénlèi
   명 인류

5. 减少 jiǎnshǎo
   동 감소하다, 줄이다

다음의 고사성어를 읽어 보세요.

两全其美、一箭[1]双雕[2]、一石二鸟。
Liǎng quán qí měi、yí jiàn shuāng diāo、yì shí èr niǎo.

保护环境，从我做起。
Bǎohù huánjìng, cóng wǒ zuò qǐ.

塑料包装用一次，白色污染害几世。
Sùliào bāozhuāng yòng yí cì, báisè wūrǎn hài jǐ shì.

天空是小鸟的家，河流是鱼儿的家，
Tiānkōng shì xiǎoniǎo de jiā, héliú shì yúr de jiā,

地球是我们的家。
dìqiú shì wǒmen de jiā.

前人栽[3]树，后人乘凉[4]，前人伐[5]树，后人遭殃[6]。
Qiánrén zāi shù, hòurén chéng liáng, qiánrén fá shù, hòurén zāo yāng.

– 꿩 먹고 알 먹고, 하나의 화살로 두 마리의 독수리를 맞추다,
  일석이조(하나의 돌로 두 마리의 새를 잡다).
– 환경 보호, 나부터 시작하자.
– 비닐봉지 포장을 한 번 쓰면, 백색 오염(플라스틱, 비닐 폐기물 등에 의한 환경
  오염)은 몇 세대를 헤친다.
– 하늘에는 작은 새의 집이 있고, 강에는 물고기의 집이 있으며,
  지구에는 우리들의 집이 있다.
– 조상이 나무를 심으면, 후손은 더위를 피할 수 있고,
  조상이 나무를 베면, 후손은 재난을 입는다.

1. 箭 jiàn
   명 화살

2. 雕 diāo
   명 독수리

3. 栽 zāi
   동 심다

4. 乘凉 chéng/liáng
   동 더위를 피하여 서늘한
      바람을 쐬다

5. 伐 fá
   동 베다

6. 遭殃 zāo/yāng
   동 불행(재앙)을 당하다

다음 그림을 보고, 당신이 이런 상황에 처한다면 어떻게 대응할지 말해 보세요.

旅游的时候，你发现有人在景区内随便吐痰、乱扔垃圾，
还在名胜古迹上乱涂乱画。在这种情况下，你会怎么做？

글로 표현하기

네 가지의 그림을 보고 이야기를 만들어 써 보세요.

Unit
6

游山玩水
yóu shān wán shuǐ

자연에 노닐다

▶ 산수 경치를 유람하며 감상한다는 뜻이다.

- ☐ 位于 wèiyú 동 …에 위치하다
- ☐ 金融 jīnróng 명 금융
- ☐ 粤菜 yuècài 명 광둥 요리
- ☐ 天堂 tiāntáng 명 천당
- ☐ 篇 piān 양 (문장, 종이) 편, 장
- ☐ 目的 mùdì 명 목적
- ☐ 充分 chōngfèn 형 충분하다
- ☐ 风景 fēngjǐng 명 풍경
- ☐ 反正 fǎnzhèng 부 어쨌든, 아무튼
- ☐ 面积 miànjī 명 면적
- ☐ 贸易 màoyì 명 무역, 거래
- ☐ 迷人 mírén 형 매력적이다
- ☐ 感受 gǎnshòu 동 (영향을) 받다, 느끼다
- ☐ 值得 zhídé 동 ～할 만한 가치가 있다
- ☐ 放松 fàngsōng 동 이완시키다, 긴장을 풀다
- ☐ 自然 zìrán 명 자연
- ☐ 名胜古迹 míngshènggǔjì 명승고적
- ☐ 应有尽有 yīng yǒu jìn yǒu 성어 없는 것이 없다
- ☐ 大饱口福 dà bǎo kǒu fú 성어 맛있는 음식을 배불리 먹다
- ☐ 数不胜数 shǔ bú shèng shǔ 성어 셀레야 셀 수 없다

生词热身练习 단어연습 ⋮⋮ 적절한 단어를 골라 빈칸을 채우세요.

① 我一到周末就去郊外 ⬜ 一下儿。

나는 주말만 되면 교외로 나가 긴장을 푼다.

② 南大门市场里既卖吃的、喝的，又卖穿的、用的，东西简直是 ⬜ 。

남대문 시장에는 먹을 것, 마실 것도 팔고, 입을 것, 쓸 것 등 물건이 정말 없는 것이 없다.

③ 这的确是一部 ⬜ 看的电影。

이것은 정말 볼 만한 영화이다.

④ 中国 ⬜ 亚洲东部。

중국은 아시아 동부에 위치한다.

⑤ 北京的 ⬜ 吸引了众多的外国游客。

베이징의 명승고적은 많은 외국 관광객을 매료시켰다.

01 ······에게 맛있는 음식을 배불리 먹게 하다. **让······大饱口福。**

▶ 주말에 우리 집에 와서 밥 먹어요. 꼭 맛있는 음식을 배불리 먹게 할게요.
周末来我家吃饭吧，一定让你大饱口福。

▶ 할머니는 나에게 배불리 먹게 할 맛있는 음식을 준비하셨다.
奶奶准备好了让我大饱口福的菜。

02 특별히 제기할 만한 점은 ······ **特别值得一提的是······。**

▶ 특별히 제기할 만한 점은, 우리 학교의 체육관이 전국에서 가장 크다는 것이다.
特别值得一提的是，我们学校的体育场是全国最大的。

▶ 특별히 제기할 만한 점은, 오늘 저녁 음식을 내가 만들었다는 것이다.
特别值得一提的是，今晚的饭菜都是我做的。

03 주로 봐야 할 것은 ······ **主要看······。**

▶ 전자 상품을 살 때, 주로 가격과 품질이 합리적인지 아닌지를 봐야 한다.
买电子产品主要看价格和质量是否合适。

▶ 다이어트에 성공할 수 있는가 없는가는 당신이 계속 지속해 나갈 수 있는가, 없는가에 달려있다.
减肥可不可以成功主要看你能不能坚持。

04 저는 당신이 ······하기를 제안합니다. **我建议你······。**

▶ 저는 당신이 겨울에 다시 하얼빈에 가 보는 게 제일 좋다고 제안합니다.
我建议你最好冬天的时候再去哈尔滨。

▶ 의사는 환자에게 매일 운동을 해나가라고 제안했다.
医生建议病人要坚持每天锻炼身体。

短文

　　香港位于中国南部，虽然面积不大，可却是一个重要的金融、贸易中心，同时也是一个旅游的好去处。它常被人们称为"东方之珠"。

　　香港既有代表本地特色的粤菜，又有各种各样的外国美食，真是应有尽有，可以让游客们大饱口福。

　　香港也是一个旅游胜地。特别是到了晚上，你可以坐在双层观光巴士上欣赏香港美丽、迷人的夜景。

　　香港还是一个"购物天堂"，特别值得一提的是香港的夜市。到了晚上，一边逛着夜市，一边吃着小吃，别提多享受了。

　　今年的假期就让我们去感受一下"东方之珠"的魅力吧！

会话

李美英　看了这篇有关香港的介绍，我真想马上就去香港。你不是去过香港吗？快给我介绍介绍。

王丽　香港的确漂亮，值得去的地方真是数不胜数啊。主要看你旅游的目的是什么。

张学明　最近我的压力太大了，想通过旅游放松放松。

章学友　那我就不推荐你去香港了。我觉得去香港旅游好是好，但是你得不到充分的休息。

李美英　那倒也是。去香港旅游除了逛还是逛，想想就挺累的。你有什么好建议吗？

章学友　要是为了放松，我就建议你去一个有山有水的地方。欣赏自然风光的同时，放松身心。可是一举两得。比如说四川⊛的九寨沟⊛、云南⊛的大理⊛、广西⊛的桂林⊛等。

张学明　中国真是一个旅游资源丰富的国家啊！要想把中国都看遍，要多长时间啊？

王丽　这个嘛，恐怕你一辈子都看不完。

张学明　是啊，早就听说中国不光有自然风景，还有名胜古迹。那这次我就先去感受一下自然风景，下次再去香港吧。

章学友　我看行，反正现在也不是去香港的最好季节。等到圣诞节的时候，我跟你一起去。

张学明　一言为定。

四川 Sìchuān 고 쓰촨성, 사천성(성도는 '청두(成都)'임)	九寨沟 Jiǔzhàigōu 고 지우자이거우
云南 Yúnnán 고 윈난성, 운남성(성도는 '쿤밍(昆明)'임)	大理 Dàlǐ 고 따리
广西 Guǎngxī 고 광시 장족 자치구	桂林 Guìlín 고 꾸이린

Xiānggǎng wèiyú Zhōngguó nánbù, suīrán miànjī bú dà, kě què shì yíge zhòngyào de jīnróng、 màoyì zhōngxīn, tóngshí yě shì yíge lǚyóu de hǎo qùchù. Tā cháng bèi rénmen chēngwéi "dōngfāng zhī zhū".

Xiānggǎng jì yǒu dàibiǎo běndì tèsè de yuècài, yòu yǒu gèzhǒnggèyàng de wàiguó měishí, zhēn shì yīng yǒu jìn yǒu, kěyǐ ràng yóukèmen dà bǎo kǒu fú.

Xiānggǎng yě shì yíge lǚyóu shèngdì. Tèbié shì dào le wǎnshang, nǐ kěyǐ zuò zài shuāngcéng guānguāng bāshì shàng xīnshǎng Xiānggǎng měilì、 mírén de yèjǐng.

Xiānggǎng háishì yíge "gòuwù tiāntáng", tèbié zhídé yì tí de shì Xiānggǎng de yèshì. Dào le wǎnshang, yìbiān guàngzhe yèshì, yìbiān chīzhe xiǎochī, bié tí duō xiǎngshòu le.

Jīnnián de jiàqī jiù ràng wǒmen qù gǎnshòu yíxià "dōngfāng zhī zhū" de mèilì ba!

Lǐ Měiyīng	Kàn le zhè piān yǒuguān Xiānggǎng de jièshào, wǒ zhēn xiǎng mǎshàng jiù qù Xiānggǎng. Nǐ búshì qù guo Xiānggǎng ma? Kuài gěi wǒ jièshào jièshào.
Wáng Lì	Xiānggǎng díquè piàoliang, zhídé qù de dìfang zhēn shì shǔ bú shèng shǔ a. Zhǔyào kàn nǐ lǚyóu de mùdì shì shénme.
Zhāng Xuémíng	Zuìjìn wǒ de yālì tài dà le, xiǎng tōngguò lǚyóu fàngsōng fàngsōng.
Zhāng Xuéyǒu	Nà wǒ jiù bù tuījiàn nǐ qù Xiānggǎng le. Wǒ juéde qù Xiānggǎng lǚyóu hǎo shì hǎo, dànshì nǐ dé bú dào chōngfèn de xiūxi.
Lǐ Měiyīng	Nà dào yě shì. Qù Xiānggǎng lǚyóu chúle guàng háishì guàng, xiǎngxiang jiù tǐng lèi de. Nǐ yǒu shénme hǎo jiànyì ma?
Zhāng Xuéyǒu	Yàoshì wèile fàngsōng, wǒ jiù jiànyì nǐ qù yíge yǒu shān yǒu shuǐ de dìfang. Xīnshǎng zìrán fēngguāng de tóngshí, fàngsōng shēnxīn. Kěshì yì jǔ liǎng dé. Bǐrúshuō Sìchuān de Jiǔzhàigōu、Yúnnán de Dàlǐ、Guǎngxī de Guìlín děng.
Zhāng Xuémíng	Zhōngguó zhēn shì yíge lǚyóu zīyuán fēngfù de guójiā a! Yào xiǎng bǎ Zhōngguó dōu kàn biàn, yào duō cháng shíjiān a?
Wáng Lì	Zhège má, kǒngpà nǐ yíbèizi dōu kàn bù wán.
Zhāng Xuémíng	Shì a, zǎojiù tīngshuō Zhōngguó bùguāng yǒu zìrán fēngjǐng, háiyǒu míngshènggǔjì. Nà zhècì wǒ jiù xiān qù gǎnshòu yíxià zìrán fēngjǐng, xiàcì zài qù Xiānggǎng ba.
Zhāng Xuéyǒu	Wǒ kàn xíng, fǎnzhèng xiànzài yě búshì qù Xiānggǎng de zuì hǎo jìjié. Děngdào shèngdànjié de shíhou, wǒ gēn nǐ yìqǐ qù.
Zhāng Xuémíng	Yì yán wéi dìng.

어법 익히기

01 香港位于中国南部，虽然面积不大，可却是一个重要的金融、贸易中心，

'位于' 뒤에는 장소를 나타내는 고유명사나 수사성 어휘가 온다.

例句1 峨眉山位于四川省峨眉山市，是我国的四大佛教名山之一。

아메이산은 쓰촨성 아메이산시에 위치하며, 중국의 4대 불교 명산 중의 하나이다.

例句2 大理位于云南省中部偏西。

따리는 윈난성 중부 서쪽에 위치한다.

> **써보기 연습**
>
> 아래 문장을 중국어로 번역하세요.
> ① 제주도는 한국에서 가장 큰 섬으로, 한국 남부에 위치한다.
>
> → _____ 。
>
> ② 우리 학교는 시 중심에 위치한다.
>
> → _____ 。

02 香港的确漂亮，值得去的地方真是数不胜数啊。

'值得'는 '가치가 있다, 수지가 맞다, 의의가 있다'는 의미가 있다.

例句1 他还是个孩子罢了，你不值得对他这么生气。

그는 아직 아이일 뿐이에요, 당신이 이렇게까지 화낼 필요가 없어요.

例句2 最近上映了很多新电影，有值得一看的吗？

최근에 새로운 영화가 많이 상영되었는데, 볼만한 게 있나요?

> **써보기 연습**
>
> 아래 문장을 중국어로 번역하세요.
> ① 베이징에서 가장 가볼 만한 가치가 있는 곳이 어디죠?
>
> → _____ 。
>
> ② 이곳은 정말 추천해 줄 만한 식당이에요.
>
> → _____ 。

03 要想把中国都看遍，要多长时间啊？

'동사+遍'은 동작을 처음부터 끝까지 전부했다는 의미를 가진다.

例句1 我找遍了房间里的每个地方，可还是没找到。

나는 방안 구석구석을 전부 찾아보았는데도 찾지 못했다.

例句2 我人生最大的梦想就是游遍欧洲。

내 인생의 가장 큰 소망은 유럽을 다 돌아보는 것이다.

> **나도 번역가** 아래 문장을 중국어로 번역하세요.
>
> ① 나는 학교 주변의 모든 맛있는 식당은 다 맛보았다.
>
> → _____。
>
> ② 당신은 한 두 시간 안에 이 곳을 다 구경할 수 있어요.
>
> → _____。

04 我看行，反正现在也不是去香港的最好季节。

부사 '反正'은 상황이 같지는 않지만 결과에 차이가 없다는 의미가 있으며 단호한 어기를 표현한다.

例句1 不管别人说什么，反正我相信他不是那种人。

다른 사람이 뭐라고 하든지, 나는 그가 그런 사람이 아니라는 것을 믿어요.

例句2 今晚就多玩儿一会儿吧，反正明天不上班。

오늘 밤엔 좀 더 많이 놀아요, 어차피 내일은 출근하지 않잖아요.

> **나도 번역가** 아래 문장을 중국어로 번역하세요.
>
> ① 나는 그녀가 올해 몇 살인지는 모르지만, 어쨌든 그녀는 아직 결혼하지 않았다.
>
> → _____。
>
> ② 당신이 가든 안 가든, 어쨌든 저는 겨울에 하얼빈으로 갈 예정이에요.
>
> → _____。

05 等到圣诞节的时候，我跟你一起去。

'等' 뒤에 동사 단어나 구가 오면, '……하고 나면'의 의미가 있다.

例句1 等大家都吃完我再吃。

모두들 다 드시면, 제가 먹을게요.

例句2 等你去了，你就知道了。

당신이 가고 나면, 알게 될 거예요.

직접 만들어요

아래 문장을 완성하세요.

① 等到了周末，_____。

② 等我下班，_____。

다음 질문에 대한 자신의 생각을 자유롭게 이야기해 보세요.

01 你是否去过香港？如果你去过香港，你去过几次？

02 在香港，什么给你留下了最深刻[1]的印象？

03 如果你还没去过香港，那么你觉得什么地方值得去看看？

04 你知道澳门[2]位于哪儿吗？

05 你知道澳门因什么而有名吗？

06 你喜欢游览[3]自然风光还是名胜古迹？为什么？

07 你打算去中国什么地方旅行？为什么？

08 你认为旅游的好处是什么？

1. 深刻 shēnkè
   형 (인상이) 깊다

2. 澳门 Àomén
   고유 마카오

3. 游览 yóulǎn
   동 (풍경, 명승 등을) 유람하다

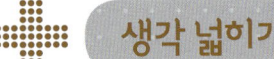 
다음의 고사성어를 읽어 보세요.

读万卷[1]书，行万里路。
Dú wàn juǎn shū, xíng wànlǐ lù.

人行千里路，胜读十年书。
Rén xíng qiānlǐ lù, shèng dú shínián shū.

条条大路通罗马[2]。
Tiáotiáo dàlù tōng Luómǎ.

桂林山水甲天下。
Guìlín shānshuǐ jiǎ tiān xià.

看山张家界，赏水九寨沟。
Kàn shān Zhāngjiājiè, shǎng shuǐ Jiǔzhàigōu.

만 권의 책을 읽고, 만 리의 길을 다녀야 한다.

천리 길을 여행하는 것은 십 년 공부하는 것보다 낫다.

모든 길은 로마로 통한다.

계림의 산수가 천하 제일이다.

산을 보려면 장지아지에로 가고, 물을 보려면 지우자이고우로 가라.

1. 卷 juǎn
   양 (두루마리로 된 것을
   세는 단위) 권

2. 罗马 Luómǎ
   고유 로마

다음 그림을 보고, 당신이 이런 상황에 처한다면 어떻게 대응할지 말해 보세요.

在国外旅行的时候，不小心把旅行包弄丢了，旅行包里放着贵重物品，有护照、现金、电子产品等。这时你该怎么办呢？

글로 표현하기

네 가지의 그림을 보고 이야기를 만들어 써 보세요.

Unit
7

井底之蛙
jǐng dǐ zhī wā

우물 안 개구리

▶ 우물 안 개구리는 우물 입구 크기만큼의 하늘만 볼 수 있다.
▶ 견문이 좁은 사람을 비유한 말이다.

단어

🎧 Track 25

☐ 曾经 céngjīng 부 일찍이, 벌써

☐ 留 liú 동 보관하다, 머무르다

☐ 吸引 xīyǐn 동 매료시키다, 끌어당기다

☐ 收入 shōurù 명 수입, 소득

☐ 消费 xiāofèi 동 소비하다

☐ 闯 chuǎng 동 이리저리 뛰어다니다, 활동하다

☐ 待遇 dàiyù 명 대우

☐ 积累 jīlěi 동 (조금씩) 쌓이다

☐ 眼界 yǎnjiè 명 안목, 시야

☐ 苦恼 kǔnǎo 동 고민하다

☐ 深圳 shēnzhèn 고유 심천

☐ 舒适 shūshì 형 편안하다

☐ 稳定 wěndìng 형 안정적이다

☐ 优势 yōushì 명 우세, 우위

☐ 跳槽 tiào/cáo 동 직업을 바꾸다

☐ 讨厌 tǎoyàn 동 싫어하다, 혐오스럽다

☐ 喘气 chuǎn/qì 동 헐떡거리다, 숨차다

☐ 以免 yǐmiǎn 접 …하지 않도록

☐ 人各有志 rén gè yǒu zhì 성어 개인마다 지향하는 것과 소망이 다르다

生词热身练习　단어연습　⚬⚬ 적절한 단어를 골라 빈칸을 채우세요.

① 近来，越来越多的中国人去海外 ▭▭▭ 。

최근에, 점점 더 많은 중국 사람들이 해외로 가서 소비한다.

② 这次举办的晚会很精彩， ▭▭▭ 了很多人来看。

이번에 열린 이브닝 파티는 너무 근사해서, 많은 사람들이 와서 보게 매료시켰다.

③ 明天早点儿去机场吧， ▭▭▭ 因交通拥挤耽误赶飞机。

교통이 혼잡해서 비행기를 놓치지 않도록, 내일 일찌감치 공항에 가세요.

④ 趁年轻的时候，应该多 ▭▭▭ 人生经验。

젊었을 때, 인생 경험을 많이 쌓아야 한다.

⑤ 大家普遍认为公务员是一个 ▭▭▭ 的工作。

모두들 보편적으로 공무원은 안정된 직업이라고 생각한다.

핵심문형 패턴연습하기

01 ……에 대해 말하면 **拿……来说吧**

▶ 나의 남자 친구에 대해 말하면, 그는 나에게 정말 잘 한다.
　拿我男朋友来说吧，他对我真的很好。

▶ 이번 시험에 대해 말하면, 대부분 반 친구들은 시험을 잘 못 봤다.
　拿这次考试来说吧，大部分同学都考得不太好。

02 ……와 비교가 안 된다 **跟……没法比**

▶ 내가 만든 음식은 정말로 엄마가 만드신 것과 비교가 안 된다.
　我做的菜简直跟妈妈做的没法比。

▶ 여기의 서비스 수준은 오성급 호텔과 비교가 안 된다.
　这儿的服务水平跟五星级酒店没法比。

03 동사+언제면 끝(최상의 상태)일까? **动词+到什么时候才是头儿啊?**

▶ 이렇게 고된 하루하루는 언제쯤이면 끝이 날까?
　这样的日子要熬到什么时候才是头儿啊？

▶ 집값은 언제쯤이면 최고가로 오를까?
　房价要涨到什么时候才是头儿啊？

04 A이든 B이든 관계없이 **不管A还是B**

▶ 맑은 날이든 흐린 날이든, 그는 매일 꾸준히 신체를 단련한다.
　不管晴天还是阴天，他都坚持每天锻炼身体。

▶ 부자든 가난뱅이든, 모두 서로 존중해야 한다.
　不管富人还是穷人，都应该互相尊重。

短文

对快要毕业的中国大学生来说，都曾经有过这样的苦恼：去大城市发展好还是留在小城市工作好？

拿北京、上海、深圳这样的大城市来说吧，从20世纪八九十年代起，就吸引了很多想在那里工作的大学毕业生。他们认为大城市的就业机会多，收入高，发展空间大。除此以外，大城市交通便利，生活环境舒适。

相反，小城市的生活节奏没有大城市那么快。尽管收入跟在大城市没法比，可是由于工作稳定、压力不大，消费水平低、生活舒适等原因，也同样吸引着不少人。

可见，大城市有大城市的优势，小城市有小城市的特点。你会选择在大城市闯闯，还是留在小城市工作？

会话

张学明　听说你又跳槽了。来上海不到五年你换了三家公司。

章学友　你的消息好灵通啊。不久前我跳到了一家外企，那儿不光待遇高，而且因为和美国有贸易关系，还有很多去外国出差的机会。

张学明　像你这样跳来跳去，跳到什么时候才是头儿啊？

章学友　人们不都说"人往高处走，水往低处流"*嘛！

张学明　我和你不一样，我讨厌在大城市工作，我更愿意在小城市找个稳定的工作，过稳定、舒适的生活。

章学友　小城市哪儿有大城市的发展空间大啊？你应该趁年轻在大城市里多闯闯，好为以后多积累点儿经验。

张学明　可是大城市的生活节奏太快了，快得让人喘不过气来。

章学友　那你要知道在大城市工作挣得多啊！

张学明　收入高是高，不过大城市的消费也够高的啊。

章学友　那倒也是。可是在大城市生活可以让你开眼界啊，吃喝玩乐的地方应有尽有，不像小城市到了晚上9点，什么地方都关门了。连个玩儿的地方都没有。

张学明　那你总不能每天都玩到半夜吧。小城市的夜生活不那么丰富，但是我们早睡早起，以免影响第二天的学习和工作。

章学友　你说的都有道理。哈哈，看来你的性格很适合在小城市生活，像我这样的人更适合在大城市闯。

张学明　人各有志嘛！不管在大城市还是小城市，我都希望我们每天幸福快乐。

"人往高处走，水往低处流" Rén wǎng gāo chù zǒu, shuǐ wǎng dī chù liú.
사람은 높은 곳을 향해 가고, 물은 낮은 곳으로 흐른다.

단문 병음

Duì kuàiyào bì yè de Zhōngguó dàxuéshēng lái shuō, dōu céngjīng yǒu guo zhèyàng de kǔnǎo: Qù dàchéngshì fāzhǎn hǎo háishì liúzài xiǎochéngshì gōngzuò hǎo?

Ná Běijīng、Shànghǎi、Shēnzhèn zhèyàng de dàchéngshì lái shuō ba, cóng èrshí shìjì bājiǔshí niándài qǐ, jiù xīyǐn le hěn duō xiǎng zài nàlǐ gōngzuò de dàxué bìyèshēng. Tāmen rènwéi dàchéngshì de jiùyè jīhuì duō, shōurù gāo, fāzhǎn kōngjiān dà. Chúcǐ yǐwài, dàchéngshì jiāotōng biànlì, shēnghuó huánjìng shūshì.

Xiāngfǎn, xiǎochéngshì de shēnghuó jiézòu méiyǒu dàchéngshì nàme kuài. Jǐnguǎn shōurù gēn zài dàchéngshì méi fǎ bǐ, kěshì yóuyú gōngzuò wěndìng、yālì bú dà, xiāofèi shuǐpíng dī、shēnghuó shūshì děng yuányīn, yě tóngyàng xīyǐnzhe bù shǎo rén.

Kějiàn, dàchéngshì yǒu dàchéngshì de yōushì, xiǎochéngshì yǒu xiǎochéngshì de tèdiǎn. Nǐ huì xuǎnzé zài dàchéngshì chuǎngchuang, háishì liúzài xiǎochéngshì gōngzuò?

Zhāng Xuémíng   Tīng shuō nǐ yòu tiào cáo le. Lái Shànghǎi bú dào wǔ nián nǐ huàn le sān jiā gōngsī.

Zhāng Xuéyǒu   Nǐ de xiāoxi hǎo língtōng a. Bù jiǔ qián wǒ tiàodào le yì jiā wàiqǐ, nàr bùguāng dàiyù gāo, érqiě yīnwèi hé Měiguó yǒu màoyì guānxi, háiyǒu hěn duō qù wàiguó chū chāi de jīhuì.

Zhāng Xuémíng   Xiàng nǐ zhèyàng tiào lái tiào qù, tiàodào shénme shíhou cái shì tóur a?

Zhāng Xuéyǒu   Rénmen bù dōu shuō "rén wǎng gāochù zǒu, shuǐ wǎng dī chù liú" má!

Zhāng Xuémíng   Wǒ hé nǐ bù yíyàng, wǒ tǎoyàn zài dàchéngshì gōngzuò, wǒ gèng yuànyì zài xiǎo chéngshì zhǎo ge wěndìng de gōngzuò, guò wěndìng、shūshì de shēnghuó.

Zhāng Xuéyǒu   Xiǎochéngshì nǎr yǒu dàchéngshì de fāzhǎn kōngjiān dà a? Nǐ yīnggāi chèn niánqīng zài dàchéngshì lǐ duō chuǎngchuang, hǎo wèi yǐhòu duō jīlěi diǎnr jīngyàn.

Zhāng Xuémíng   Kěshì dàchéngshì de shēnghuó jiézòu tài kuài le, kuài de ràng rén chuǎn bú guòqì lái.

Zhāng Xuéyǒu   Nà nǐ yào zhīdao zài dàchéngshì gōngzuò zhèng de duō a!

Zhāng Xuémíng   Shōurù gāo shì gāo, búguò dàchéngshì de xiāofèi yě gòu gāo de a.

Zhāng Xuéyǒu   Nà dào yě shì. Kěshì zài dàchéngshì shēnghuó kěyǐ ràng nǐ kāi yǎnjiè a, chīhē wánlè de dìfang yīng yǒu jìn yǒu, bú xiàng xiǎochéngshì dào le wǎnshang jiǔ diǎn, shénme dìfang dōu guān mén le. Lián ge wánr de dìfang dōu méiyǒu.

Zhāng Xuémíng   Nà nǐ zǒng bùnéng měitiān dōu wándào bànyè ba. Xiǎochéngshì de yèshēnghuó bú nàme fēngfù, dànshì wǒmen zǎo shuì zǎo qǐ, yǐmiǎn yǐngxiǎng dì'èr tiān de xuéxí hé gōngzuò.

Zhāng Xuéyǒu   Nǐ shuō de dōu yǒu dàolǐ. Hāhā, kànlái nǐ de xìnggé hěn shìhé zài xiǎochéngshì shēnghuó, xiàng wǒ zhèyàng de rén gèng shìhé zài dàchéngshì chuǎng.

Zhāng Xuémíng   Rén gè yǒu zhì ma! Bùguǎn zài dàchéngshì háishì xiǎochéngshì, wǒ dōu xīwàng wǒmen měitiān xìngfú kuàilè.

01 从20世纪八九十年代**起**，就吸引了很多想在那里工作的大学毕业生。

'从……起'는 어떤 일을 시작한 시간이나 방향을 의미한다.

例句1 从现在起，做一个幸福的人。
지금부터 행복한 사람이 되어 보세요.

例句2 这座大楼从10楼起，都是三室一厅的房子。
이 건물은 10층부터, 모두 방 세 개에 거실이 하나입니다.

바로 활용하기

아래 문장을 완성하세요.
① 从5岁起，_____。
② 从第一次看见她起，_____。

▶

02 那儿**不光**待遇高，**而且**因为和美国有贸易关系，还有很多去外国出差的机会。

'不光……, 而且……'는 점진 관계의 접속사로, '不但……, 而且……(……일 뿐만 아니라, 게다가 ……하다)'와 같은 의미이다.

例句1 你们在这儿不光可以品尝到各国美食，而且还可以体验各国文化。
여러분들은 여기서 각국의 맛있는 음식을 맛볼 수 있을 뿐만 아니라, 게다가 각국의 문화를 체험할 수도 있습니다.

例句2 这次背包旅行不光让我欣赏了各地的美景，而且让我结交了很多国外友人。
이번 배낭여행에서 나는 각지의 아름다운 풍경을 감상했을 뿐만 아니라, 여러 나라의 외국 친구들도 사귈 수 있었다.

바로 활용하기

아래 문장을 완성하세요.
① 我们班的班长不光长得帅，_____。
② _____，而且质量也不错。

▶

03 像你这样跳来跳去，跳到什么时候才是头儿啊?

'A来A去'에서 A에는 동사가 오며, '동작이 쉬지 않고 반복된다'는 의미를 가진다.

例句1 我想来想去，还是想不明白她为什么这么做。

나는 아무리 생각해 보아도, 그녀가 왜 이렇게 했는지 이해할 수가 없었다.

例句2 最近几年为了生意，父亲经常在中韩两国之间跑来跑去。

최근 몇 년간 사업을 위해서, 아버지는 자주 중국과 한국 양국을 오가셨다.

바로 적용하기

아래 문장을 중국어로 번역하세요.

① 그는 보고 또 봤지만, 여전히 내가 누구인지 알아보지 못했다.

→ _____。

② 나는 입어보고 또 입어봤지만, 도대체 어떤 옷을 사야 좋을지 모르겠다.

→ _____。

04 你应该趁年轻在大城市里多闯闯，**好**为以后多积累点儿经验。

'好' 앞에는 뒤의 결과에 대한 원인이 나온다.

例句1 你最好赶紧给她打个电话解释一下，好让她不对你产生误会。

당신은 서둘러 그녀에게 전화를 해서 설명하는 게 제일 좋을 거예요, 그녀가 당신을 오해하지 않게 하기 위해서요.

例句2 我最近拼命挣钱、攒钱，好快点儿还清贷款。

나는 빨리 대출을 갚기 위해서, 요즘 필사적으로 돈을 벌고, 모은다.

바로 적용하기

아래 문장을 중국어로 번역하세요.

① 나는 그녀가 핸드폰을 볼 때 내 생각을 할 수 있도록, 핸드폰을 선물할 계획이다.

→ _____。

② 내일 일찍 일어날 수 있도록 일찍 주무세요.

→ _____。

05 我们早睡早起，以免影响第二天的学习和工作。

'以免'은 뒷 절을 설명하기 위해 쓰이며, 앞 절은 뒷 절이 말하는 상황이 발생하지 않도록 하기 위한 것을 나타낸다.

例句1 你赶紧把这个记下来，以免一会儿就忘了。

나중에 잊지 않도록 빨리 메모하세요.

例句2 今晚我必须做完工作，以免挨老板说。

사장님께 혼나지 않도록 오늘 밤에 반드시 일을 마쳐야 해요.

잠깐 확인하기

아래 문장을 중국어로 번역하세요.

① 시장에 가서 물건을 살 때는 사기를 당하지 않기 위해 가격을 흥정하는 법을 배워야 한다.

→ _____ 。

② 술을 마신 뒤에는 교통사고가 발생하는 것을 막기 위해, 절대로 운전을 해서는 안 된다.

→ _____ 。

다음 질문에 대한 자신의 생각을 자유롭게 이야기해 보세요.

01 你认为在大城市工作一定比小城市好吗?

1. 职业 zhíyè
   명 직업, 일자리

02 在你们国家，什么职业¹受欢迎?

2. 缓解 huǎnjiě
   동 (정도가) 완화되다

03 你在选择工作的时候，更看重什么?

3. 夜生活
   yèshēnghuó
   명 밤의 유흥

04 你认为经常跳槽好不好?

05 请你来谈谈你们国家的公司文化。

06 有人说"工作就是为了挣钱"。你同意这句话吗?为什么?

07 你工作上的压力大不大?你怎么缓解²工作上的压力?

08 请你谈谈你们国家的夜生活³文化。

다음의 고사성어를 읽어 보세요.

业精于勤¹, 荒²于嬉³。
Yè jīng yú qín, huāng yú xī.

少壮不努力, 老大徒伤悲⁴。
Shào zhuàng bù nǔ lì, lǎodà tú shāngbēi.

欲穷千里目, 更上一层楼。
Yù qióng qiānlǐ mù, gèng shàng yì céng lóu.

聪明的人依靠自己的工作,
Cōngmíng de rén yīkào zìjǐ de gōngzuò,

愚蠢的人依靠自己的希望。
yúchǔn de rén yīkào zìjǐ de xīwàng.

所谓天才,
Suǒwèi tiāncái,

只不过是把别人喝咖啡的功夫都用在工作上了。
zhǐ búguò shì bǎ biérén hē kāfēi de gōngfu dōu yòng zài gōngzuò shàng le.

- 학문은 근면함으로 조예가 깊어지고, 게으름으로 뒤떨어진다.
- 젊고 건장할 때 노력하지 않으면, 늙어서 부질없이 슬퍼한다.
- 천리 밖을 보고자 하면, 한 층 더 올라가야 한다.
- 현명한 사람은 자신의 일에 의지하지만,
  우둔한 사람은 자신의 희망에 의지한다.
- 소위 천재라 함은,
  다른 사람이 커피를 마시는 시간에도
  일에 전념하는 사람을 일컫는다.

1. 勤 qín
   형 부지런하다, 근면하다

2. 荒 huāng
   동 게을리하다

3. 嬉 xī
   형 놀다

4. 伤悲 shāngbēi
   동 슬퍼하다

다음 그림을 보고, 당신이 이런 상황에 처한다면 어떻게 대응할지 말해 보세요.

你的朋友从小的理想就是长大以后要当一名厨师。
可是他的父母当然不同意他当厨师，
想让他成为公务员，有一个体面、安稳的工作。
在这种情况下，如果你是他，你会怎么说服父母？

네 가지의 그림을 보고 이야기를 만들어 써 보세요.

Unit
8

左右为难
zuǒ yòu wéi nán

진퇴양난에 빠지다

▶ 이러지도 저러지도 못하다.

▶ 어떻게 해도 어려움이 있다는 것을 형용한다.

生词

단어

Track 29

□ 选修课 xuǎnxiūkè 명 선택과목
□ 选择 xuǎnzé 동 선택하다
□ 突然 tūrán 부 갑자기
□ 统计 tǒngjì 동 통계하다, 합산하다
□ 嫂子 sǎozi 명 아주머니
□ 冷战 lěngzhàn 명 냉전
□ 欺负 qīfu 동 얕보다, 업신여기다
□ 救 jiù 동 구하다
□ 娶 qǔ 동 아내를 얻다, 장가를 가다
□ 和好 héhǎo 동 화해하다

□ 教授 jiàoshòu 명 교수
□ 疤痕 bāhén 명 상처, 흉터
□ 破产 pòchǎn 동 부도나다, 파산하다
□ 恋人 liànrén 명 연인, 애인
□ 吵架 chǎo/jià 동 말다툼하다
□ 弄 nòng 동 하다, 만들다
□ 评理 pínglǐ 동 시비를 가리다
□ 老婆 lǎopo 명 아내
□ 彼此 bǐcǐ 대 서로
□ 自讨苦吃 zì tǎo kǔ chī 성어 스스로 사서 고생하다

生词热身练习

단어연습 적절한 단어를 골라 빈칸을 채우세요.

① 上个学期我选了两门 　　　　　　　。

저번 학기에 나는 두 개의 선택과목을 선택했다.

② 小时候因为我的个子小，所以常常被 　　　　　　。

어렸을 때 난 키가 작아서, 자주 무시당했다.

③ 她感谢医生 　　　　　　了她儿子的命。

그녀는 의사 선생님이 아들의 생명을 구해준 것에 감사했다.

④ 男人都想 　　　　　　漂亮的妻子。

남자들은 모두 아름다운 아내를 얻고 싶어한다.

⑤ 刚才天空还是蓝蓝的， 　　　　　　就下起了大雨。

방금 하늘은 어진히 파랬는데, 갑자기 비가 많이 내리기 시작했다.

01 내가 ……하는 정신이 어디 있어?　我哪有心情……啊?

▶ 내가 밥 먹을 정신이 어디 있어?
我哪有心情吃饭啊?

▶ 내가 여행 갈 정신이 어디 있어?
我哪有心情去旅行啊?

02 '동사'도 안 해 보고　动词+都+没+动词

▶ 그는 보지도 않고, 바로 위에 서명을 했다.
他看都没看，马上就在上面签了字。

▶ 그녀는 조심성 없게 새로 산 물건을 쓰레기로 알고 버렸다, 한 번도 써보지도 못하고 말이다.
她不小心把新买的东西当垃圾扔了，是用都没用过的。

관용표현

03 이건 당신이 잘못한 거예요.　这就是你的不对了。

듣자 하니, 당신 때문에 어머니가 화가 나서 우셨다던데, 이건 당신이 잘못한 거예요.
A : 听说你把妈妈气哭了，这就是你的不对了。

맞아요, 저도 지금 후회하고 있어요. 그렇게 예의 없게 하면 안 되었어요.
B : 是啊，我正后悔呢。不应该那么没礼貌。

04 당신이 하는 말을 들어보니, …….　听你这么一说，……。

▶ 당신의 말을 들어보니, 정말 그렇게 어렵지는 않네요.
听你这么一说，还真是不太难。

▶ 당신의 말을 들어보니, 정말 맛을 봐야겠네요.
听你这么一说，还真是得尝一尝。

短文

　　大学选修课上，教授给学生们留了两道选择题。第一题：男的很爱她。她美丽动人。可是一次交通事故让她美丽的脸上留下了疤痕。你觉得这个男的还会爱她吗？A、他一定会。B、他一定不会。C、他可能会。 第二题：女的很爱他。他聪明能干。突然有一天，他破产了。你觉得女的还会像以前一样爱他吗？A、她一定会。B、她一定不会。C、她可能会。

　　教授统计后发现：第一题有10%的同学选了A，10%的同学选了B，80%的同学选了C。第二题呢，30%的同学选了A，30%的同学选了B，40%的同学选了C。

　　教授说"做这两道题时，你们是不是把男的和女的当成了恋人关系？可是，题目并没有说他们是恋人关系啊？如果第一题中男的是'她'的父亲，第二题中女的是'他'的母亲。让你把这两道题重新做一遍，你还会坚持原来的选择吗？"

　　那么请你猜猜所有的同学们都选择了什么？

Track 31

会话

李美英 你的眼睛都成熊猫眼了。是不是又熬夜看球赛了？

张学明 我哪有心情看球赛啊？这几天跟你嫂子吵架了。你嫂子正跟我冷战呢，弄得我睡不着。

李美英 是不是你欺负嫂子了？嫂子那么贤惠的人怎么可能跟你冷战呢？

张学明 那你来评评理吧。前几天看电视的时候，看着看着，你嫂子突然问我"要是我和你妈同时掉进河里，你先救谁？"我想都没想，张口就说"当然救我妈啦，老婆可以再娶，但老妈只有一个啊。"

李美英 这就是你的不对了。当着嫂子的面，你怎么这么说啊。你这不是自讨苦吃吗？

张学明 我真不能理解你们女人，干嘛喜欢问这样让人左右为难的问题？俗话说"手心手背都是肉。"[※]一边是老婆，一边是老妈，让我怎么选择。

李美英 男人和女人虽然说一样的话，但彼此有不同的理解。嫂子问你这样的问题，不是让你真的选择，而是想听你说"你对我最重要"，"没有你，我怎么活"等这样的回答。

张学明 听你这么一说，男女的想法还真不一样啊！看来我得买本书，回去好好儿研究研究。

李美英 还是先回去跟嫂子和好吧。

"手心手背都是肉。" Shǒu xīn shǒu bèi dōu shì ròu.
열 손가락 깨물어서 안 아픈 손가락이 없다.

8. 左右为难　111

Dàxué xuǎnxiūkè shàng, jiàoshòu gěi xuéshengmen liú le liǎng dào xuǎnzétí. Dì yì tí: Nán de hěn ài tā. Tā měilì dòngrén. Kěshì yí cì jiāotōng shìgù ràng tā měilì de liǎnshàng liúxià le bāhén. Nǐ juéde zhège nán de hái huì ài tā ma? A. Tā yídìng huì. B. Tā yídìng búhuì. C. Tā kěnéng huì. Dì èr tí: Nǚ de hěn ài tā. Tā cōngming nénggàn. Tūrán yǒu yì tiān, tā pòchǎn le. Nǐ juéde nǚ de hái huì xiàng yǐqián yíyàng ài tā ma? A. Tā yídìng huì. B. Tā yídìng búhuì. C. Tā kěnéng huì.

Jiàoshòu tǒngjì hòu fāxiàn: Dì yì tí yǒu bái fēn zhī shí de tóngxué xuǎn le A, bái fēn zhī shí de tóngxué xuǎn le B, bái fēn zhī bāshí de tóngxué xuǎn le C. Dì èr tí ne, bái fēn zhī sānshí de tóngxué xuǎn le A, bái fēn zhī sānshí de tóngxué xuǎn le B, bái fēn zhī sìshí de tóngxué xuǎn le C.

Jiàoshòu shuō : "Zuò zhè liǎng dào tí shí, nǐmen shìbúshì bǎ nán de hé nǚ de dàngchéng le liànrén guānxi? Kěshì, tímù bìng méiyǒu shuō tāmen shì liànrén guānxi a? Rúguǒ dì yì tí zhōng nán de shì 'tā' de fùqīn, dì èr tí zhōng nǚ de shì 'tā' de mǔqīn. Ràng nǐ bǎ zhè liǎng dào tí chóngxīn zuò yíbiàn, nǐ hái huì jiānchí yuánlái de xuǎnzé ma?"

Nàme qǐng nǐ cāicai suǒyǒu de tóngxuémen dōu xuǎnzé le shénme?

Lǐ Měiyīng	Nǐ de yǎnjing dōu chéng xióngmāo yǎn le. Shìbúshì yòu áo yè kàn qiúsài le?
Zhāng Xuémíng	Wǒ nǎ yǒu xīnqíng kàn qiúsài a? Zhè jǐ tiān gēn nǐ sǎozi chǎo jià le. Nǐ sǎozi zhèng gēn wǒ lěngzhàn ne, nòng de wǒ shuì bù zháo.
Lǐ Měiyīng	Shìbúshì nǐ qīfu sǎozi le? Sǎozi nàme xiánhuì de rén zěnme kěnéng gēn nǐ lěngzhàn ne?
Zhāng Xuémíng	Nà nǐ lái píngping lǐ ba. Qián jǐ tiān kàn diànshì de shíhou, kànzhe kànzhe, nǐ sǎozi tūrán wèn wǒ "Yàoshi wǒ hé nǐ mā tóngshí diàojìn hé lǐ, nǐ xiān jiù shéi?" Wǒ xiǎng dōu méi xiǎng, zhāng kǒu jiù shuō "Dāngrán jiù wǒ mā la, lǎopo kěyǐ zài qǔ, dàn lǎomā zhǐyǒu yíge a."
Lǐ Měiyīng	Zhè jiùshì nǐ de bú duì le. Dāngzhe sǎozi de miàn, nǐ zěnme zhènme shuō a. Nǐ zhè búshì zì tǎo kǔ chī ma?
Zhāng Xuémíng	Wǒ zhēn bùnéng lǐjiě nǐmen nǚrén, gànmá xǐhuan wèn zhèyàng ràng rén zuǒ yòu wéinán de wèntí? Súhuà shuō "shǒu xīn shǒu bèi dōushì ròu." Yìbiān shì lǎopo, yìbiān shì lǎomā, ràng wǒ zěnme xuǎnzé.
Lǐ Měiyīng	Nánrén hé nǚrén suīrán shuō yíyàng de huà, dàn bǐcǐ yǒu bù tóng de lǐjiě. Sǎozi wèn nǐ zhèyàng de wèntí, búshì ràng nǐ zhēnde xuǎnzé, érshì xiǎng tīng nǐ shuō "Nǐ duì wǒ zuì zhòngyào", "Méiyǒu nǐ, wǒ zěnme huó" děng zhèyàng de huídá.
Zhāng Xuémíng	Tīng nǐ zhème yì shuō, nánnǚ de xiǎngfǎ hái zhēn bùyíyàng a! Kànlái wǒ děi mǎi běn shū, huíqù hǎohāo'er yánjiū yánjiū.
Lǐ Měiyīng	Háishì xiān huíqù gēn sǎozi héhǎo ba.

어법 익히기

01 你觉得女的还会像以前一样爱他吗?

'像……一样'은 때로는 '그 아이는 인형처럼 예쁘다'와 같이, 일종의 비유 용법으로 쓰인다. 때로는 '그는 평소와 같이 어떠한 말도 하지 않았다.'와 같이 참고 표현으로 쓰이기도 한다.

例句1 像去年的圣诞节一样，我们今年也一起去了教堂。

작년 크리스마스처럼 올해도 우리 같이 교회에 가요.

例句2 她像我亲姐姐一样照顾我。

그녀는 친언니처럼 나를 보살펴 준다.

스스로 확인하기

다음 문장을 중국어로 번역하세요.

① 한국 사람은 자주 "여자의 마음은 봄 날씨와 같다."라고 말한다.

→ _____。

② 그는 아버지처럼 술 마시는 것을 좋아한다.

→ _____。

02 你嫂子正跟我冷战呢，弄得我睡不着。

'弄'은 동사로, 동의어로는 '做', '弄'이 있으며 뒤에는 항상 좋지 않은 결과와 같이 쓰인다.

例句1 孩子不停地哭，弄得我不知怎么办好。

아이가 멈추지 않고 계속 울기만 하는데, 나는 어찌해야 좋을지 모르겠다.

例句2 他突然叫我的外号，弄得我很不好意思。

그가 갑자기 내 별명을 불러서, 난 너무 민망했다.

스스로 확인하기

다음 문장을 완성하세요.

① 他在家里开派对，弄得 _____。

② 昨天我没写作业，弄得 _____。

03 前几天看电视的时候，看着看着，你嫂子突然问我

'동사着 동사着'는 어떤 동작이 현재 계속해서 진행되고 있으며, 뒷절을 야기해서 새로운 상황을 나타내게 한다는 의미를 가진다.

例句1 昨晚我们打电话聊天，聊着聊着，就睡着了。

어제 저녁에 우리는 전화를 하면서 수다를 떨고 떨다가, 잠이 들었다.

例句2 昨晚洗澡的时候，洗着洗着，突然停水了。

어제 저녁에 샤워를 할 때, 씻고 있는데, 갑자기 단수가 되었다.

다음 문장을 중국어로 번역하세요.

① 어제 저녁에 텔레비전을 보고 있는데, 갑자기 정전이 되었다.

→ _____。

② 나는 말을 하다가 갑자기 울었다.

→ _____。

04 当着嫂子的面，

'当着……的面'은 '在……的面前(……의 앞에서)'의 의미가 있다.

例句1 当着孩子的面，你怎么能说这样的话呢？

아이의 앞에서, 당신은 어떻게 이런 얘기를 할 수 있어요?

例句2 他当着我的面给老师打的电话。

그는 내 앞에서 선생님께 전화를 했다.

아래 문장을 중국어로 번역하세요.

① 나는 다른 사람의 앞에서 친구의 안 좋은 말을 하는 것을 좋아하지 않는다.

→ _____。

② 당신은 어떻게 선생님 앞에서 담배를 필 수 있어요?

→ _____。

어법 익히기

05 干嘛喜欢问这样让人左右为难的问题?

'干嘛'는 '为什么(왜요?)'와 같은 뜻이나, 일반적으로 대답은 필요하지 않다. 주로 이해하지 못하거나, 필요하지 않는다는 어기를 표현하며, 문장의 끝에도 놓일 수 있다.

例句1 你不是知道吗? 干嘛问我啊?

당신도 알고 있지 않나요? 왜 나한테 물어봐요?

例句2 又不是什么大事, 你那么生气干嘛?

또 무슨 큰 일도 아닌데, 당신은 왜 그렇게 화를 내요?

> **바꿔 말하기**
>
> '干嘛'를 이용해 문장을 바꿔보세요.
>
> ① 今天零下10多度, 你怎么穿这么少的衣服呢?
>
> → _____ 。
>
> ② 外边没下雨, 你不用带雨伞。
>
> → _____ 。

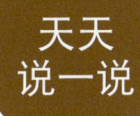

다음 질문에 대한 자신의 생각을 자유롭게 이야기해 보세요.

01 最近有什么让你左右为难的事吗？

02 在选择时，你是犹豫不决¹的类型吗？

1. **犹豫不决**
   yóuyù bù jué
   [성] 결단을 내리지 못하고 망설이다

2. **奢侈品** shēchǐpǐn
   [명] 사치품

3. **重新** chóngxīn
   [부] 다시, 재차

여러분의 선택과 이유를 말해 보세요.

01 要是你有一笔钱，你会用这笔钱去世界旅行，还是交大学的学费？

02 要是你有一笔钱，你会用这笔钱买一个奢侈品²还是买很多个不是名牌的东西？

03 你打算结婚，你会选择更爱你的人还是你更爱的人？

04 如果可以重新³选择，你还会选择现在的工作吗？

05 如果可以重来，你还会选择现在的爱人吗？

06 如果可以重新选择，你还会选择你学的专业吗？

다음의 고사성어를 읽어 보세요.

捡了芝麻¹, 丢了西瓜。

Jiǎn le zhīma, diū le xīguā.

人往高处走, 水往低处流。

Rén wǎng gāochù zǒu, shuǐ wǎng dīchù liú.

忍一时风平浪²静, 退一步海阔³天空。

Rěn yì shí fēng píng làng jìng, tuì yí bù hǎi kuò tiānkōng.

鱼与熊掌⁴不可兼⁵得。

Yú yǔ xióngzhǎng bùkě jiān dé.

- 참깨는 주웠으나, 수박을 잃다. (대단히 어리석다)

- 사람은 높은 곳을 향해 가고, 물은 낮은 곳으로 흐른다.

- 조금만 참으면 바람과 파도가 잔잔해지며,

  한 걸음 물러서면 한없이 넓은 바다와 하늘이 보일 것이다.

  (한때의 충동을 잘 참고 서로 양보를 한다면, 문제가 잘 해결된다.)

- 두 가지를 다 가질 수는 없다.

1. 芝麻 zhīma

   명 참깨

2. 浪 làng

   명 물결, 파도

3. 阔 kuò

   형 넓다

4. 熊掌 xióngzhǎng

   명 곰 발바닥

5. 兼 jiān

   동 동시에 하다, 겸하다

다음 그림을 보고, 당신이 이런 상황에 처한다면 어떻게 대응할지 말해 보세요.

B公司想高薪聘请在A公司工作的金先生，
虽然B公司给的薪水比现在的公司高，但是B公司是一个小公司，
而金先生现在工作的A公司是一个大企业。
如果你是金先生，你会做出什么样的选择？

天天
写一写

글로 표현하기

네 가지의 그림을 보고 이야기를 만들어 써 보세요.

Unit
9

习以为常
xí yǐ wéi cháng

습관이 생활화되다

▶ 习 : 습관,　常 : 평소,　为常 : 아무것도 아니다, 평범하다

▶ '평소에 어떤 일을 하거나 어떤 현상을 자주 보게 되면, 아주 평범하게
  느껴진다'라는 뜻으로, '습관이 되다, 평범하게 느끼다'로 해석할 수 있다.

生词
단어

Track 33

- 森林 sēnlín **명** 산림, 숲
- 继续 jìxù **동** 계속하다, 끊임없이 하다
- 提醒 tíxǐng **동** 일깨우다, 주의를 환기시키다
- 打扰 dǎrǎo **동** 방해하다, 지장을 주다
- 及时 jíshí **부** 즉시, 곧바로
- 否则 fǒuzé **접** 만약 그렇지 않으면
- 筷子 kuàizi **명** 젓가락
- 咬 yǎo **동** 깨물다, 물다
- 丢脸 diū/liǎn **동** 망신을 당하다
- 毅力 yìlì **명** 굳센 의지

- 兔 tù **명** 토끼
- 鹿 lù **명** 사슴
- 入神 rù/shén **동** 마음을 뺏기다, 정신이 팔리다
- 距离 jùlí **명** 거리
- 改正 gǎizhèng **동** (잘못, 착오를) 개정하다, 시정하다
- 来不及 lái bù jí (시간이 부족하여) 돌볼 틈이 없다
- 左撇子 zuǒpiězi **명** 왼손잡이
- 指甲 zhǐjia **명** 손톱
- 反复 fǎnfù **동** 반복하다
- 盐 yán **명** 소금

生词热身练习　단어연습 :::· 적절한 단어를 골라 빈칸을 채우세요.

① 我们把用左手拿筷子的人叫作 _____ 。

우리는 왼손으로 젓가락을 사용하는 사람을 <u>왼손잡</u>이라고 부른다.

② 别忘了 _____ 他，让他明天给金老板打电话。

내일 김 사장님께 전화하라고 그에게 <u>일깨워 주는</u> 거 잊지 마세요.

③ 成功的人的共同点就是都有不一般的 _____ 。

성공한 사람의 공통점은 모두 평범하지 않은 <u>의지</u>를 갖고 있다는 것이다.

④ 出国旅游的时候一定不要做让国家 _____ 的事。

출국해서 여행을 할 때는 반드시 국가에 <u>망신 주는</u> 일을 해서는 안 된다.

⑤ 被狗 _____ 了以后要及时打针啊。

개에게 <u>불리면</u>, 곧바로 주사를 맞아야 한다.

01 …… 해도 늦었어요. ……也来不及了。

▶ 말하고 싶어도 이미 늦었어요.
想说也来不及了。

▶ 지금 출발해도 늦었어요.
现在出发也来不及了。

관용표현

02 별거 아니예요. 不算什么。

▶ 당신에게 밥 한끼 사드리는 거, 별거 아니예요.
请你吃一顿饭而已，不算什么。

▶ 남자한테 이런 상처쯤은 아무것도 아니예요.
男子汉受这么点伤，不算什么。

03 정말 ……. 简直……。

▶ 현대사회의 경쟁은 가면 갈수록 치열해져서, 정말 숨이 막혀올 지경이다.
现在的社会竞争越来越激烈，简直让人喘不过气来。

▶ 바깥 날씨는 너무 더워서 정말 참을 수가 없다.
外边的天气暴热，简直让人受不了。

04 솔직히 말해서 ……. …… 不瞒你说，……。

▶ 솔직히 말해서, 저는 조금도 못 알아 듣겠어요.
不瞒你说，我一点儿都没听懂。

▶ 솔직히 말해서, 오늘은 10 위안만 가져왔어요.
不瞒你说，今天我只带了十块钱 。

본문

短文

　　森林里住着一只小白兔。有一次，它躺在绿绿的草地上看书。这时，山羊走了过来说："小白兔，看书可不能躺着看,这样会影响视力的。"于是小白兔就听话地坐了起来，继续看起了书。

　　小鹿见小白兔看书看得这么近，就提醒小白兔说："小白兔，你看书看得太近啦！"小白兔没听见，小鹿又提醒了一次，可小白兔还是没听见。小鹿想：小白兔一定是看书看得入了神，我还是不要打扰它吧。

　　过了几个月，小白兔的视力越来越差，最后它变成了近视眼。原因就是小白兔没有养成看书要保持一定距离的好习惯。

　　习惯都是在不知不觉中被养成的，发现不良习惯的时候要及时改正，否则等不良习惯形成，想改也来不及了。

会话

李美英　你怎么用左手拿筷子呢？你是左撇子吗？

王　丽　不完全是左撇子。我写字的时候习惯用右手，吃饭的时候习惯用左手。所以和别人一起吃饭的时候，常给别人带来不便。

李美英　我以前看过一个报告上说，常用左手可以开发人的右脑，像你这样的人，左右脑都得到了充分地开发，你可是天才中的天才啊！

王　丽　我才谈不上是什么天才呢。

李美英　其实左撇子真的不算什么。我的坏习惯才有问题呢。我想问题的时候常常咬指甲，特别是在我喜欢的男生面前咬指甲，简直太丢脸了。我真想改掉这个坏毛病，可是太难了。

王　丽　以前我听新闻说要养成一个好习惯需要每天反复，至少反复一个月才可以。但是，要改掉一个坏习惯，却需要两个月以上的反复。

李美英　那就是说，改掉坏习惯是有可能的，只是看你有没有毅力，能不能坚持下去，对不对？

王　丽　对啊，"有志者事竟成。"嘛！只要你下决心，不管是养成好习惯，还是改掉坏习惯，只是时间问题。

李美英　不瞒你说，最近我想成为皮肤美人，听说只要坚持每天运动，多喝水，多吃水果，少吃盐，就可以成为皮肤美人。怎么样？有没有兴趣一起试试？

王　丽　听起来真不错。我们早就该开始这个计划了。这次一定要说到做到！

> "有志者事竟成。" Yǒu zhì zhě shì jìng chéng.
> 뜻이 있는 곳에 길이 있다.

단문 병음

Sēnlín lǐ zhùzhe yì zhī xiǎo báitù. Yǒu yí cì, tā tǎng zài lǜlǜ de cǎodì shàng kàn shū. Zhèshí, shānyáng zǒu le guòlái shuō: "Xiǎo báitù, kàn shū kě bùnéng tǎngzhe kàn, zhèyàng huì yǐngxiǎng shìlì de." Yúshì xiǎo báitù jiù tīng huà de zuò le qǐlái, jìxù kànqǐ le shū.

Xiǎo lù jiàn xiǎo báitù kàn shū kàn de zhème jìn, jiù tíxǐng xiǎo báitù shuō: "Xiǎo báitù, nǐ kàn shū kàn de tài jìn la!" Xiǎo báitù méi tīngjiàn, xiǎo lù yòu tíxǐng le yí cì, kě xiǎo báitù háishì méi tīngjiàn. Xiǎo lù xiǎng: Xiǎo báitù yídìng shì kàn shū kàn de rù le shén, wǒ háishì búyào dǎrǎo tā ba.

Guò le jǐ ge yuè, xiǎo báitù de shìlì yuèláiyuè chà, zuìhòu tā biànchéng le jìnshìyǎn. Yuányīn jiùshì xiǎo báitù méiyǒu yǎngchéng kàn shū yào bǎochí yídìng jùlí de hǎo xíguàn.

Xíguàn dōu shì zài bùzhī bùjué zhōng bèi yǎngchéng de, fāxiàn bù liáng xíguàn de shíhou yào jíshí gǎizhèng, fǒuzé děng bùliáng xíguàn xíngchéng, xiǎng gǎi yě lái bù jí le.

Lǐ Měiyīng Nǐ zěnme yòng zuǒshǒu ná kuàizi ne? Nǐ shì zuǒpiězi ma?

Wáng Lì Bù wánquán shì zuǒpiězi. Wǒ xiě zì de shíhou xíguàn yòng yòushǒu, chī fàn de shíhou xíguàn yòng zuǒshǒu. Suǒyǐ hé biérén yìqǐ chī fàn de shíhou, cháng gěi biérén dàilái bú biàn.

Lǐ Měiyīng Wǒ yǐqián kàn guo yíge bàogào shàng shuō, chángyòng zuǒshǒu kěyǐ kāifā rén de yòunǎo, xiàng nǐ zhèyàng de rén, zuǒyòu nǎo dōu dédào le chōngfèn de kāifā, nǐ kěshì tiāncái zhōng de tiāncái a!

Wáng Lì Wǒ cái tán bú shàng shì shénme tiāncái ne.

Lǐ Měiyīng Qíshí zuǒpiězi zhēnde bú suàn shénme. Wǒ de huài xíguàn cái yǒu wèntí ne. Wǒ xiǎng wèntí de shíhou chángcháng yào zhǐjia, tèbié shì zài wǒ xǐhuan de nánshēng miàn qián yào zhǐjia, jiǎnzhí tài diū liǎn le. Wǒ zhēn xiǎng gǎidiào zhège huài máobìng, kěshì tài nán le.

Wáng Lì Yǐqián wǒ tīng xīnwén shuō yào yǎngchéng yíge hǎo xíguàn xūyào měitiān fǎnfù, zhìshǎo fǎnfù yíge yuè cái kěyǐ. Dànshì, yào gǎidiào yíge huài xíguàn, què xūyào liǎngge yuè yǐshàng de fǎnfù.

Lǐ Měiyīng Nà jiùshì shuō, gǎidiào huài xíguàn shì yǒu kěnéng de, zhǐshì kàn nǐ yǒu méiyǒu yìlì, néng bùnéng jiānchí xiàqù, duì bu duì?

Wáng Lì Duì a, "yǒu zhì zhě shìjìng chéng" má! Zhǐyào nǐ xià juéxīn, bùguǎn shì yǎngchéng hǎo xíguàn, háishì gǎidiào huài xíguàn, zhǐshì shíjiān wèntí.

Lǐ Měiyīng Bù mán nǐ shuō, zuìjìn wǒ xiǎng chéngwéi pífū měirén, tīng shuō zhǐyào jiānchí měitiān yùndòng, duō hē shuǐ, duō chī shuǐguǒ, shǎo chī yán, jiù kěyǐ chéngwéi pífū měirén. Zěnmeyàng? Yǒu méiyǒu xìngqù yìqǐ shìshi?

Wáng Lì Tīng qǐlái zhēn búcuò. Wǒmen zǎojiù gāi kāishǐ zhège jìhuà le. Zhècì yídìng yào shuōdào zuòdào!

어법 익히기

01 有一次，它躺在绿绿的草地上看书。

'有一次'는 과거의 어떤 시간을 나타낼 때 쓰인다. 비슷한 표현으로는 '有一天', '有一年'이 있다.

例句1 有一次，他跟我聊过一个晚上。

한 번은, 그와 나는 밤을 새며 이야기 한 적이 있다.

例句2 有一次，我在中国留学的时候，他请我吃过饭。

한 번은, 내가 중국에서 유학할 때, 그가 나에게 밥을 사준 적이 있었다.

> 다음 문장을 중국어로 번역하세요.
>
> ① 한 번은, 나는 그녀가 혼자 교실에서 울고 있는 것을 봤다.
>
> → _____ 。
>
> ② 한 번은, 그녀가 나를 데리고 병원에 간 적이 있다.
>
> → _____ 。

02 发现不良习惯的时候要及时改正，否则等不良习惯形成，想改也来不及了。

'否则'는 접속사로 '不然(그렇지 않으면), 要不(안 그러면), 如果不这样的话(이렇게 하지 않으면)'의 의미가 있다. 주로 앞 절에서 말한 상황이 아니라면 어떤 결과가 된다는 것을 표현한다.

例句1 他必须做手术，否则有生命危险。

그는 반드시 수술을 해야 한다. 그렇지 않으면 생명이 위험하다.

例句2 你一定要通过HSK考试，否则你连面试的机会都没有。

당신은 반드시 HSK 시험을 통과해야 해요, 그렇지 않으면 면접의 기회 조차도 없어요.

> 아래 문장을 완성하세요.
>
> ① 你今天一定要完成所有的工作，_____ 。
>
> ② 你该趁现在吃药，_____ 。

03 所以和别人一起吃饭的时候，常给别人带来不便。

'给……带来……'는 '……에게 ……을 가져다 주다'는 의미이다. 영향을 끼친 뒤에는 항상 '快乐、幸福、麻烦、不便'과 같은 추상적인 단어와 같이 사용된다.

例句1 孩子会给大人带来很多快乐。

아이는 어른에게 많은 즐거움을 준다.

例句2 虽然他给我带来了不小的麻烦，但我还是喜欢和他在一起。

그는 나를 적지 않게 번거롭게 했지만, 난 여전히 그와 같이 있는게 좋다.

> 다음 문장을 중국어로 번역하세요.
>
> ① 당신이 나의 생활에 희망을 주어서 감사합니다.
>
> → _____ 。
>
> ② 다른 사람에게 불편함을 가져다 주었다면, 미안하다고 말해야 한다.
>
> → _____ 。

04 要养成一个好习惯需要每天反复，至少反复一个月才可以。

'至少'는 '적어도'의 의미가 있으며, 가장 낮은 조건과 요구사항을 나타낸다.

例句1 想去中国留学，你至少会说点儿汉语。

중국에 가서 유학을 하고 싶다면, 적어도 당신은 중국어를 좀 할 줄 알아야 해요.

例句2 虽然我没有你聪明，但至少比你努力。

비록 내가 당신만큼 똑똑하지는 않지만, 적어도 당신보다는 더 노력해요.

> 아래 문장을 완성하세요.
>
> ① 听说要通过公务员考试，_____ 。
>
> ② 虽然我不会说让你高兴的话，但_____ 。

05 只是看你有没有毅力，能不能坚持下去，对不对?

'下去'는 일반적으로 동사 뒤에 쓰이며, 이 동작이 계속 진행된다는 의미가 있다.

例句1 汉语难学是难学，但我一定要学下去。

중국어가 배우기가 어렵기는 어렵지만, 난 반드시 계속 공부할 것이다.

例句2 虽然大家都说这件事不容易，但我一定会做下去的。

모두들 이 일이 쉽지 않다고 말하지만, 난 반드시 계속할 것이다.

다음 문장을 중국어로 번역하세요.

① 비록 이 영화를 나는 보고 이해하지 못하지만, 그래도 난 계속 끝까지 보았다.

→ _____ 。

② 계속 해 나간다면, 끝까지 한 사람이야말로 승리자이다.

→ _____ 。

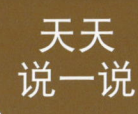

天天
说一说

생각 표현하기

다음 질문에 대한 자신의 생각을 자유롭게 이야기해 보세요.

01 你有什么好习惯和坏习惯？

1. 顿 dùn
양 (식사) 끼

02 你想养成一个什么习惯？

당신은 이 생활 습관에 동의하는지 말해보세요. 그리고 이유를 설명해 보세요.

01 早睡早起身体好。

02 每天睡足八个小时。

03 一天吃一顿[1]饭。

04 起床以后喝一杯冰水。

05 饭后喝一杯咖啡。

06 每天坚持快走30分。

다음의 고사성어를 읽어 보세요.

早睡早起，精神百倍。
Zǎo shuì zǎo qǐ, jīngshén bǎi bèi.

好酒不过量，好菜不过食。
Hǎo jiǔ búguò liàng, hǎo cài búguò shí.

要想身体好，常洗冷水澡。
Yào xiǎng shēntǐ hǎo, cháng xǐ lěngshuǐ zǎo.

饭后百步走，活到九十九。
Fànhòu bǎi bù zǒu, huódào jiǔshí jiǔ.

冬吃萝卜[1]夏吃姜[2]，不用医生开药方。
Dōng chī luóbo xià chī jiāng, búyòng yīshēng kāi yàofāng.

일찍 자고 일찍 일어나면 정신이 백배 더 맑아진다.

맛있는 술도 너무 많이 마시지 말고, 맛있는 음식도 너무 많이 먹지 말자.

몸이 건강해지려면, 자주 냉수로 샤워를 해야 한다.

식사 후에 백보를 걸으면, 99세까지 살 수 있다.

겨울에 무를 먹고 여름에 생강을 먹으면, 의사에게 처방전을 받을 필요가 없다.

1. 萝卜 luóbo
   명 무
2. 姜 jiāng
   명 생강

다음 그림을 보고, 당신이 이런 상황에 처한다면 어떻게 대응할지 말해 보세요.

孩子最近放假了，每天晚上熬夜上网，白天在家睡觉，
父母真是看不惯，要是这是你的孩子，你打算怎么办?

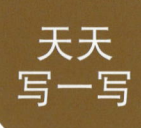

天天
写一写

글로 표현하기

네 가지의 각 그림 속에 나타난 '좋은 생활 습관'에 대해서 써 보세요.

Unit
10

良药苦口
liáng yào kǔ kǒu

좋은 약은 입에 쓰다

▶ 좋은 약은 입에 쓴 법이다.

▶ 마음에서 우러나오는 충고, 날카로운 비평은 들어 보면 편하지는 않지만,
약점이나 잘못된 점을 고치는 데는 좋다는 것을 비유한다.

□ 理论 lǐlùn 몡 이론
□ 针灸 zhēnjiǔ 몡 침구
□ 平衡 pínghéng 몡 평형
□ 信任 xìnrèn 몡 신임
□ 浑身 húnshēn 몡 전신, 온몸
□ 改善 gǎishàn 동 개선하다, 개량하다
□ 苍白 cāngbái 형 창백하다, 생기가없다
□ 劝 quàn 동 권하다, 설득하다
□ 免疫力 miǎnyìlì 몡 면역력
□ 闻 wén 동 냄새를 맡다

□ 基础 jīchǔ 몡 토대, 기초
□ 拔罐 báguàn 몡 부항
□ 祖祖辈辈 zǔzǔ bèibèi 몡 조상대대
□ 例如 lìrú 동 예를 들면
□ 调整 tiáozhěng 동 조정하다, 조절하다
□ 体质 tǐzhì 몡 체질, 체력
□ 相当 xiāngdāng 부 상당히, 꽤
□ 挂号 guàhào 동 등록하다, 수속하다
□ 下降 xiàjiàng 동 하강하다, (수량이) 줄어들다
□ 搞 gǎo 동 하다, 만들다

生词热身练习

단어연습 ⠿ 적절한 단어를 골라 빈칸을 채우세요.

① 人生病的根本原因就是免疫力 _____ 。

사람들이 병이 나는 근본적인 원인은 면역력이 떨어져서이다.

② 妈妈多次 _____ 爸爸戒烟，可爸爸就是不听。

어머니는 여러 번 아버지에게 금연하시길 권하셨지만, 그러나 아버지는 듣지 않으신다.

③ 中医说我的 _____ 比较热，所以不让我吃人参。

중의가 말하기를 나의 체질은 비교적 뜨거워서, 나에게 인삼을 먹지 말라고 했다.

④ 臭豆腐 _____ 起来臭,但是吃起来香。

'초우또우푸'는 냄새가 지독하지만, 먹으면 맛있다.

⑤ 今年来观看演唱会的人 _____ 多。

올해 음악회를 보러 온 사람들이 꽤 많다.

핵심문형 패턴연습하기

01 A가 B만 못하다　A没有B

▶ 이번에 성적은 지난번보다 좋지 않다.
这次的成绩没有上次好。

▶ 올해 겨울은 작년보다 춥지 않다.
今年冬天没有去年冷。

02 ……부터 시작해서 줄곧 …….　从……开始就一直……。

▶ 저번 달부터 시작해서 줄곧 이렇게 했다.
从上个月开始就一直这样。

▶ 일곱 살 때부터 시작해서 줄곧 피아노 치는 것을 배웠다.
从七岁开始就一直学弹钢琴。

03 A가 B를 동반해서 …….　A陪B……。

▶ 나는 아버지를 모시고 산에 등산하러 간다.
我陪爸爸去爬山。

▶ 내가 외로울 때, 그는 줄곧 나와 함께 있었다.
在我孤独的时候，是他一直陪在我身边。

04 정 안 되면 …….　实在不行就……。

▶ 정 안 되면 가지 마세요.
实在不行就别去了。

▶ 정 안 되면 다음에 해요.
实在不行就下次吧。

短文

　　提起中医，人们首先想到的就是苦苦的中药，长长的针。其实，中医以"阴阳五行"理论为基础，使用"中药、食疗、针灸、拔罐、按摩"等治疗手法，使人体达到一种"阴阳平衡"。

　　随着时代的发展，有一部分学者认为中医没有西医科学。但是在西医没传入中国以前，我们的祖祖辈辈都是用中医来治病救人的，所以中国人对中医有一种特别的信任和感情。例如，当我们感到身心疲劳、浑身无力时，多数人会去找一家按摩院来个全身按摩，或者去中医院拔拔罐。虽然人们常说"是药三分毒。"*可是当我们感冒时，大多数人还是会吃点中药，而不喜欢吃西药。还有多数中国人相信的"食补"，即通过调整饮食来改善体质，也是来自中医理论。

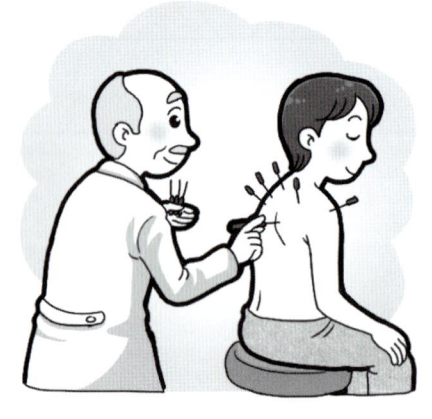

"是药三分毒。" Shì yào sān fèn dú.
모든 약 속에는 30%의 독이 있다.

会话

彼得　你的脸色怎么这么苍白？哪儿不舒服吗？

王丽　我从昨天开始就一直浑身发冷，可能是感冒了。

彼得　不用我陪你去医院吗？这次的流感可是相当厉害，我的室友都病了两个星期了还没好，我劝他去医院他也不听。

王丽　没事儿。不用担心，我回去休息休息就好了。实在不行就吃点儿感冒药。

彼得　说实话我有时挺不理解中国人的，平时我的中国朋友特别注意自己的饮食，吃什么对身体好，吃什么对身体不好，好像是个小医生。可是，感冒了或是身体不舒服，都不会马上去医院，而是自己随便吃点药。这是为什么呢？

王丽　因为去医院又是挂号，又是检查的，别提多麻烦了。只是个小感冒不至于去医院，过几天就好了。

彼得　那么跟西医比起来，中国人更相信中医吗？

王丽　可以这样说吧。我个人更相信中医，当我免疫力下降的时候，我宁可吃点中药，也不去看西医。

彼得　提起中药，我就更不能理解了。那么苦的药，闻闻就已经想吐了，怎么喝得下去啊？

王丽　多数的中药是用各种天然药材做成的，但是很多西药是用化学成分做成的。很多成分我们听都没听过，更搞不清楚是什么东西，怎么放心吃啊？

彼得　哦，原来这也是文化上的差异啊！我还一次中医都没看过呢。有机会你也带我去看看中医吧。我也想感受感受。

Tíqǐ zhōngyī, rénmen shǒuxiān xiǎngdào de jiùshì kǔkǔ de zhōngyào, chángcháng de zhēn. Qíshí, zhōngyī yǐ "yīnyángwǔxíng" lǐlùn wéi jīchǔ, shǐyòng "zhōngyào, shíláo, zhēnjiǔ, bá guàn, ànmó" děng zhìliáo shǒufǎ, shǐ réntǐ dádào yì zhǒng "yínyáng pínghéng".

Suízhe shídài de fāzhǎn, yǒu yíbùfēn xuézhě rènwéi zhōngyī méiyǒu xīyī kēxué. Dànshì zài xīyī méi chuánrù Zhōngguó yǐqián, wǒmen de zǔzǔ bèibèi dōu shì yòng zhōngyī lái zhìbìng jiù rén de, suǒyǐ Zhōngguórén duì zhōngyī yǒu yì zhǒng tèbié de xìnrèn hé gǎnqíng. Lìrú, dāng wǒmen gǎndào shēnxīn píláo、húnshēn wúlì shí, duō shù rén huì qù zhǎo yì jiā ànmó yuàn lái ge quánshēn ànmó, huòzhě qù zhōngyīyuàn bábá guàn. Suīrán rénmen cháng shuō "Shì yào sānfēn dú." Kěshì dāng wǒmen gǎnmào shí, dàduō shù rén háishì huì chī diǎn zhōngyào, ér bù xǐhuan chī xīyào. Háiyǒu duō shù Zhōngguórén xiāngxìn de "shí bǔ," jí tōngguò tiáozhěng yǐnshí lái gǎishàn tǐzhì, yě shì lái zì zhōngyī lǐlùn.

Bǐdé   Nǐ de liǎnsè zěnme zhème cāngbái? Nǎr bù shūfu ma?

Wáng Lì   Wǒ cóng zuótiān kāishǐ jiù yìzhí húnshēn fā lěng, kěnéng shì gǎnmào le.

Bǐdé   Búyòng wǒ péi nǐ qù yīyuàn ma? Zhècì de liúgǎn kěshì xiāngdāng lìhai, wǒ de shìyǒu dōu bìng le liǎngge xīngqī le hái méi hǎo, wǒ quàn tā qù yīyàn tā yě bù tīng.

Wáng Lì   Méishìr. Búyòng dān xīn, wǒ huíqù xiūxi xiūxi jiù hǎo le. Shízài bù xíng jiù chī diǎnr gǎnmàoyào.

Bǐdé   Shuō shíhuà wǒ yǒushí tīng bù lǐjiě Zhōngguórén de, píngshí wǒ de Zhōngguó péngyou tèbié zhùyì zìjǐ de yǐnshí, chī shénme duì shēntǐ hǎo, chī shénme duì shēntǐ bù hǎo, hǎoxiàng shì ge xiǎo yīshēng. Kěshì, gǎnmào le huòshì shēntǐ bù shūfu, dōu búhuì mǎshàng qù yīyuàn, érshì zìjǐ suíbiàn chī diǎn yào. Zhè shì wèishénme ne?

Wáng Lì   Yīnwèi qù yīyuàn yòu shì guà hào, yòu shì jiǎnchá de, biétí duō máfan le. Zhǐshì ge xiǎo gǎnmào bú zhìyú qù yīyuàn, guò jǐ tiān jiù hǎo le.

Bǐdé   Nàme gēn xīyī bǐ qǐlái, Zhōngguórén gèng xiāngxìn zhōngyī ma?

Wáng Lì   Kěyǐ zhèyàng shuō ba. Wǒ gèrén gèng xiāngxìn zhōngyī, dāng wǒ miǎnyìlì xià jiàng de shíhou, wǒ nìngkě chī diǎn zhōngyào, yě bú qù kàn xīyī.

Bǐdé   Tíqǐ zhōngyào, wǒ jiù gèng bùnéng lǐjiě le. Nàme kǔ de yào, wénwen jiù yǐjīng xiǎng tù le, zěnme hē xiàqù a?

Wáng Lì   Duōshù de zhōngyào shì yòng gèzhǒng tiānrán yàocái zuòchéng de, dànshì hěn duō xīyào shì yòng huàxué chéngfèn zuòchéng de. Hěn duō chéngfèn wǒmen tīng dōu méi tīng guo, gèng gǎo bù qīngchu shì shénme dōngxī, zěnme fàng xīn chī a?

Bǐdé   Ò, yuánlái zhè yě shì wénhuà shàng de chāyì a! Wǒ hái yí cì zhōngyī dōu méi kàn guo ne. Yǒu jīhuì nǐ yě dài wǒ qù kànkan zhōngyī ba. Wǒ yě xiǎng gǎnshòu gǎnshòu.

어법 익히기

01 提起中医，人们首先想到的就是苦苦的中药。

'提起'는 뒤에 말하고자 하는 내용을 유도할 때 쓰이며, '언급하다'는 의미이다. 같은 뜻으로는 '提到, 说到, 说起'가 있다.

例句1 提起中国，人们首先想到的就是红色。
중국을 얘기하자면, 사람들은 먼저 붉은 색을 떠올린다.

例句2 每次提起这件事，奶奶都会想很长时间。
매번 이 일을 말할 때마다, 할머니는 오랜 시간동안 생각에 잠기시곤 한다.

바로바로 활용

아래 문장을 완성하세요.
① 提起韩国菜，_____。
② 提起这部电影，_____。

02 中医以"阴阳五行"理论为基础。

'以……为基础'는 '……를 기초로 한다'라는 뜻이다.

例句1 老师常常强调汉语是以汉字为基础，所以我们要注意汉字的学习。
선생님은 항상 중국어를 한자를 기초로 하기 때문에, 우리가 한자 학습에 신경을 써야 한다고 강조하신다.

例句2 这个房间的装修颜色主要以自然色为基础。
이 방의 인테리어 색은 주로 자연의 색을 기초로 했다.

바로바로 활용

다음 문장을 중국어로 번역하세요.
① 우리 회사는 줄곧 고객을 기본으로 하는 원칙을 견지했으며, 고객을 위해 서비스를 한다.

→ _____。

② 이 약은 건강을 돌보는 것을 기초로 하여 제조되었다.

→ _____。

03 **只是个小感冒不至于去医院。**

'A不至于B'는 'A가 B의 정도에 도달하지 못했다'는 의미가 있다. 자주 'A至于B吗？', 'A不至于B'의 형태로 쓰인다.

例句1 只是一次相亲至于打扮成这样吗？

맞선 한 번 보는 것뿐인데, 이렇게까지 꾸밀 필요가 있나요?

例句2 只是小吵架还不至于分手。

가벼운 말다툼을 했을 뿐이지, 헤어질 정도는 아니에요.

> 연습해 보세요
>
> 다음 문장을 중국어로 번역하세요.
>
> ① 이렇게 비싼 커피를 살 필요가 있나요?
>
> → _____ ?
>
> ▶ ② 그는 어린 아이일 뿐인데, 애한테 이렇게 크게 화를 낼 필요는 없었어요.
>
> → _____ 。

04 **我宁可吃点中药，也不去看西医。**

'宁可……，也不……'는 앞 뒤 양자의 이해 득실을 따질 때 쓰이며, '설령 ～할지라도 앞의 것을 선택한다'는 의미가 있다.

例句1 我宁可多花一点钱，也不买质量差的东西。

나는 차라리 돈을 많이 쓰더라도, 질이 나쁜 물건은 사지 않을 것이다.

例句2 我宁可饿着肚子，也不吃他做的饭。

나는 차라리 굶더라도, 그가 만든 밥은 먹지 않을 것이다.

> 연습해 보세요
>
> 아래 문장을 완성하세요.
>
> ① 他宁可去工资少的公司，_____。
>
> ▶ ② 她宁可不结婚，_____。

05 更**搞**不清楚是什么东西,

'搞'는 '做、弄(하다)'의 의미이며, 자주 동작을 해서 생긴 결과를 강조한다.

例句1 对不起，我不小心把你的手机搞坏了。

죄송해요, 제가 부주의해서 당신의 핸드폰을 망가뜨렸어요.

例句2 我一定要把这件事搞清楚。

저는 반드시 이 일을 확실히 할 거에요.

배운 것을 확인해요

다음 문장을 중국어로 번역하세요.

① 그는 이번 활동을 망쳐 버렸다.

→ _____ 。

▶

② 동시에 두 가지 외국어를 배우면, 혼동하기 쉽다.

→ _____ 。

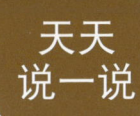

생각 표현하기

다음 질문에 대한 자신의 생각을 자유롭게 이야기해 보세요.

01 你吃过中药吗？有什么效果[1]？

1. 效果 xiàoguǒ
명 효과

02 你相信中医理论吗？

03 你了解自己的体质吗？

04 感冒的时候，你是会去医院还是只买药吃？

05 你大概多久去一次医院？

06 在韩国看病麻烦吗？

07 你吃过补药吗？有效果吗？

08 请你比较一下中医和西医。

다음의 고사성어를 읽어 보세요.

病从口入。
Bìng cóng kǒu rù.

积劳成疾。
Jī láo chéng jí.

预防[1]肠胃病，饮食要干净。
Yùfáng chángwèibìng, yǐnshí yào gānjìng.

小伤风三天，大伤风七日。
Xiǎo shāngfēng sān tiān, dà shāngfēng qī rì.

음식 위생에 주의해야 한다.

피로가 쌓여 병이 된다.

위장병을 예방하려면, 먹고 마시는 음식이 깨끗해야 한다.

가벼운 감기는 3일 걸리고, 큰 감기는 7일 걸린다.

1. 预防 yùfáng

[동] 예방하다

다음 그림을 보고, 당신이 이런 상황에 처한다면 어떻게 대응할지 말해 보세요.

你的朋友每天都说身体不舒服，但又不去医院，
请你想个办法劝说你的朋友。

글로 표현하기

네 가지의 그림을 보고 이야기를 만들어 써 보세요.

 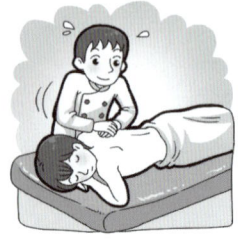 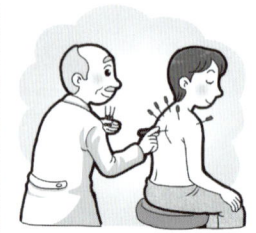 

해석
&
정답

: 본문 해석 :

1 多多益善 다다익선
p 14

단문

중국에는 '친구가 많아지면 방법도 많아진다.'라는 속담이 있는것으로 보아, 친구를 많이 사귀면 우리에게 도움이 된다는 것을 알 수 있다.

친구를 많이 사귀는 것도 중요하지만, 어떤 친구를 사귀느냐가 더 중요하다. 만약 당신의 주변에 모두 '술 친구'들만 있다면, 당신은 매일 친구들과 먹고 마시기만 할 것이다. 만약 당신의 주변에 모두 '비관주의자'들만 있다면, 당신은 점점 비관적으로 변할 것이다. 반대로, 만약 당신의 주변이 모두 '행복한 천사'들이라면, 당신은 자신도 모르게 다른 사람에게 즐거움을 줄 것이다. 그래서 젊은이들은 스승과 선배들에게 성공한 경험을 많이 배워야 한다. 이런 좋은 스승과 유익한 친구는 우리에게 많으면 많을수록 좋다.

회화

김대한: 이쁜아, 너 왜 얼굴이 언짢니? 무슨 일 있어?

왕 리: 내 친구가 어제 나한테 전화해서 급한 일이라며, 돈을 좀 빌려 달라고 했어.

김대한: 오, 그렇게 된 거구나! 네 친구가 얼마나 빌려 달라고 했는데?

왕 리: 많지도 않고 적지도 않아. 딱 만 위안을 빌려 달라고 했어.

김대한: 그럼 넌 친구한테 돈 빌려주기로 했어?

왕 리: 지금 망설이고 있어. 빌려주자니 만일 나한테 급한 일이 생기면 수중에 돈이 없을까 봐 걱정이고, 안 빌려주자니, 또 거절하기도 미안하고. 정말 난처하네!

김대한: 내가 너라면, 난 안 빌려줘. 내가 소심한 게 아니라, 친구가 제때에 돈을 갚지 않으면, 그 뒤에 친구도 될 수 없다고 생각해.

왕 리: 네 말에 나도 동의해. 그런데 걔가 나한테 도움을 청한 건 이번이 처음이야. 걔도 궁지에 몰려서 나한테 돈을 빌려 달라고 한 거잖아, 안 그래? 난 정말 친구를 도와주고 싶어.

김대한: 그럼 이렇게 하는 게 어떤지 봐봐. 네가 친구에게 반만 빌려주고, 그 다음에 그녀에게 빌려준 금액과 상환일을 명확히 쓰도록 하는 거야.

왕 리: 들어보니 괜찮네! 네가 말한 대로 할게. 만약에 이번에 친구가 제때에 돈을 돌려주면, 다음 번에 또 빌려줄 수 있을 거 같아. 중국 사람들은 '잘 빌려주고 잘 갚으면, 다시 빌려주는 게 어렵지 않다'라는 말도 하잖아!

김대한: 사실, 친구 사이에도 머리를 써야 할 때가 가끔 있어. 사람을 난처하게 하는 상황에서는, 최대한 감

정을 상하지 않게 하면서, 친구가 만족할 수 있게 해야지.

왕 리: 정말 그래. 친구 간에 함께 지낼 때에도 지혜가 필요하네. 어찌되었든, 오늘 이런 어려운 문제를 해결하는 걸 도와줘서 고마워.

2 细嚼慢咽 오래오래 잘 씹고 천천히 삼키다   p 28

단문

하이! 모두들 안녕하세요! 저는 판다입니다. 중국의 국보이지요. 저는 지구상에 매우 드물어서, 사람들이 특별히 좋아해요. 제가 어떤 나라에 가든지, '판다 열풍'이 불죠. 전 또 올림픽의 마스코트였어요!

제 전신은 위아래로 검은색과 흰색, 오직 두 가지 색으로만 되어 있어요. 전 뚱뚱하고 다크써클이 심하지만, 제 성격은 매우 온순하고, 느림보예요. 저의 유일한 취미는 나무 위로 기어 올라가서 자는 거예요. 말하자니 여러분의 웃음거리가 될까 두렵지만, 저는 매일 먹는 시간을 제외하고는 거의 잠만 자요. 또 저의 낮잠 시간이 되었네요, 오늘은 간단히 여기까지만 소개할게요.

회화

선생님: 여러분이 중국에 와서 유학한지 여러 해가 지났으니 중국 문화에 대해 깊이 경험한 것이 있으면 말해 보세요.

이미영: 제 개인적인 생각으로는 중국 사람들은 '慢', 이 한자를 매우 좋아하는 것 같아요. 많은 중국어가 '慢'과 관련해서 표현되고 있어요.

선생님: 오, 그래요? 구체적으로 말해 봐요.

이미영: 예를 들면, 다른 사람과 헤어질 때, 중국 사람들은 항상 "천천히 가세요!"라고 해요. 이건 정말 상대방에게 천천히 가라고 하는게 아니라, 상대방이 조심해서 돌아가라는 뜻이죠.

김대한: 네가 하는 말을 들으니, 나도 두 가지가 생각나네. 모두들 아는 바와 같이 중국 사람들과 식사를 할 때, 그들은 항상 저에게 "천천히 많이 드세요!", "천천히 드세요!"라고 말해요.

선생님: 두 사람이 말한 "천천히 가세요!"와 "천천히 많이 드세요!" "천천히 드세요!"는 모두 일상 예절 용어예요.

김대한: 제가 생각하기에는 단지 예절 용어가 아니라, 중국 사람들은 일을 할 때도, '오랫동안 꼼꼼히 해야

정교한 작품이 나온다'라고 말해요. 천천히 일을 해야 잘 할 수 있다는 뜻이죠.

선생님: 대한, 넌 성격이 급한 사람이잖아! 처음에는 이 말의 의미를 이해하지 못했지?

김대한: 네, 제가 보기에 빨리 해야만 효율이 있을 것 같아요. 그런데 중국 문화를 더 많이 이해하면서, 지금은 저도 이 말에 완전히 동의해요.

피 터: 여러분이 하는 말을 듣다 보니 저도 한 가지 일이 떠올랐어요. 몇 번의 HSK 시험을 계속 망치기만 했었는데, 그때마다 중국 친구가 "천천히 해, 천천히" 하면서 절 위로해 주었어요. 알고 보니 "천천히 해"라는 의미가 무슨 일을 해도 급하게 하지 말라는 것이었어요. 목표를 달성하려면 시간과 과정이 필요하니까요.

선생님: 보아하니, 모두들 중국 문화에 대한 인식이 매우 깊은 것 같네요. 여러분들은 이미 완벽하게 중국의 관습을 따르게 된 것 같아요. 이후에도 여러분들이 함께 열심히 공부하면서 이런 '느린 생활'을 즐길 수 있길 바라요.

3 甜言蜜语 감언이설　　　　　p 40

단문

언어는 하나의 예술로, 맞는 것을 틀리게 말할 수도 있고, 틀린 것을 맞게 말할 수도 있다. 그럼 먼저 한 편의 이야기를 통해 언어의 예술을 이해해 보자.

옛날에, 한 여우가 나무 위에 있는 까마귀가 고기 한 조각을 물고 있는 것을 보았다. 여우가 까마귀에게 "친애하는 까마귀님, 안녕하세요?"이라고 말하자, 까마귀는 대답하지 않았다. 여우는 또 웃으며, "친애하는 까마귀님, 아이들도 잘 있나요?"라고 말하자, 까마귀는 여우를 한 번 보더니, 역시 대답하지 않았다. 여우는 또 말하기 시작했다. "친애하는 까마귀님, 당신의 깃털은 매우 아름다워요, 다른 새와 당신을 비교해 보니, 차이가 매우 많이 나더라고요. 당신의 목청도 정말 좋아서, 누구든지 당신이 노래 부르는 것을 좋아해요. 아무리 들어도 싫증나지 않으니 몇 구절만 불러주세요!" 까마귀가 여우의 말을 듣고 노래를 부르기 시작했다. "와……" 까마귀가 입을 벌리자 고기가 떨어졌다. 여우는 고기를 입에 물고 몸을 돌려 도망가 버렸다.

회화

장학명: 피터야, 또 여자 친구랑 통화해? 하루에 전화를 몇 번 하는 거니? 너희는 매일 무슨 할 말이 그렇게 많니?

피 터: 하하, 형이 나를 오해했어. 방금 나랑 통화한 사람은 여자 친구가 아니라, 엄마였어.

장학명: 아, 네가 방금 한 말의 말투를 듣고, 난 네가 여자 친구랑 통화한 줄 알았어. "보고 싶어 죽겠어,"

"사랑해" 이런 말은 중국에서는 연인 사이에서나 하는 말이야.

피 터: 오? 그래? 미국에서 이런 말은 일상 안부 인사일 뿐이야. 그럼 형네는 부모님과 어떻게 자기의 감정을 표현해?

장학명: 우리는 대부분 행동으로 표현해, 애교를 떨거나, 아버님께 안마를 해드리거나……

피 터: 형 말을 들으니, 내 중국 친구 몇 명이 떠오른다. 영락없이 형이 말한 것과 같았어. 그들이 부모님과 통화할 때, 가장 많이 한 말이 "응, 알았어요." 였어.

장학명: 부모님들이 아이들한테 대하는 것도 마찬가지야. 아이들을 얼마나 많이 사랑하는가와는 상관없이, 계속해서 "사랑해"라고 하지는 않아. "귀한 자식 매 한 대 더 때린다."라는 말 들은 적 있는지 모르겠네.

피 터: 이 말 뜻은 부모가 당연히 아이를 때리고 욕해야 한다는 거야?

장학명: 그래, 중국 부모들은 아이를 때리고 욕하는 것이 아이에 대한 사랑 표현이라고 여겨. 들어보니 조금 겁나지?

피 터: 맞아, 중국 문화를 이해하지 못하는 외국인은 이 말의 의미를 정말 이해하기 힘들겠네.

장학명: 이 점이 중국과 서양의 문화 차이겠지. 내가 매일 어머니한테 "사랑해요" 하면서 뽀뽀하면, 어머니가 아마 놀라서 펄쩍 뛰실거야.

피 터: 형이 말하지 않으면, 어머니가 어떻게 형이 어머니를 사랑하는지 아시겠어? 빨리 어머니께 전화해서 지금 어머니가 많이 그립다고 알려드려.

장학명: 좋아. 그렇다면 내가 평소 여자 친구에게 하던 감언이설을 어머니께 해드려야겠어.

4 苦尽甘来 고진감래 p 54

단문

　그는 20세기 20년대에 태어났다. 그가 열 몇 살 때, 아버님이 세상을 떠나셨다. 그가 집안의 맏아들이었기 때문에, 어머니를 도와 온 집안의 생활을 돌볼 수 밖에 없었다. 중학교 때, 그는 학업을 포기하고 아르바이트를 해서 돈을 벌기 시작했다. 몇 년 힘들게 한 사회 생활은 그를 많이 성숙하게 했고, 책에는 없는 많은 지식도 배우게 되었다. 후에, 그는 한 공장에서 일을 하기 시작했고, 18살 때 바로 공장 내의 팀 매니저가 되었다. 몇 년 후, 그는 자신의 사업을 준비했고, 그리하여 공장을 하나 열었다. 초기에는 상상했던 것 만큼 그렇게 좋지 않았다. 그러나 그의 정확한 경영 아래, 공장의 수익은 날로 좋아져서, 30살 때 이미 천만장자가 되었다. 그 다음에, 그는 부동산 시장에서 또 한 번 성공을 거뒀다. 그 후, 그는 전 세계 화교 중의 갑부가 되었다.

　그가 바로 자수성가한 아시아의 갑부——이가성이다.

장학명: 너 얼굴이 왜 그렇게 안 돼 보이냐? 무슨 걱정거리 있어?

김대한: 솔직히 말하면, 저번 달 중국어 능력시험에서 저 또 떨어졌어요. 시험을 세 번이나 봤어요. 우리반 어떤 친구는 한 번 시험 보고도 가볍게 붙었는데, 생각해보니, 체면이 안 서네요.

장학명: 아, 알고보니 그런 일이 있었구나. 난 또 무슨 큰 일이 난 줄 알았잖아. 사실 이건 별 거 아니야. 잘 준비해서 다시 한 번 도전해 봐.

김대한: 어디 형이 말한 것처럼 그렇게 쉬워요? 사실을 말하면, 나도 내 자신을 어쩔 수 없어요. 도대체 어떻게 해야 시험에 통과할 수 있을까요?

장학명: 내가 보기에는, 시험에 통과하고 못하고는 중요하지 않은 거 같아. 어떻게 해야 중국어 수준을 향상시킬 수 있을 지가 가장 중요한 것 같아.

김대한: 그럼 빨리 중국어 수준을 향상시키는 비결을 알려 주세요.

장학명: 무슨 비결이라고는 말할 수 없어. "공을 들여 열심히 노력하면, 절굿공이도 갈아서 바늘로 만들 수 있다잖아." 넌 더 열심히 단어를 좀 외워봐!

김대한: 그거라면 난 정말 억울해요. 난 매일 단어를 외우는 데 두 시간씩 쓰고 있어요.

장학명: 단어만 외우고 중국어를 말하지 않으면, 단어를 많이 외워도 소용이 없지. 내가 충고할게, 중국 친구를 많이 사귀어서 중국 문화를 많이 이해하도록 해.

김대한: 형 말이 맞는 것 같아요. 그게 바로 제 문제예요. 단어는 제가 다 아는데, 문장을 말하지 못해요.

장학명: 그것 말고도, 평소에 중국 영화나 연속극을 많이 봐. 내 개인적인 생각으로는 중국어를 공부하는 데 도움이 많이 될 것 같아.

김대한: 형이 말하는 것을 들어보니, 공부의 방향을 찾은 거 같아요. 보아하니, 배워서 융통성 있게 활용할 수 있어야 하겠어요, 무턱대고 외우지 말고요.

장학명: 외국어를 공부한다는 게 쉬운 일은 아니지. 그렇지만, 너에게 맞는 방법을 찾아서 끝까지 해 나가면, '고진감래'가 될 거야.

---

5 一举两得 일거양득 p 68

  오늘날 사람들의 생활 리듬이 가면 갈수록 빨라지면서, '일회용품'은 가면 갈수록 환영을 받는다. 심지어 집에서도, 많은 사람들은 '일회용품'을 사용한다. 편리함을 추구하고, 다 쓰면 바로 버린다. 비록 '일회용품'이 사람들의 생활에 편리함을 가져다 주었지만, 환경보호 측면에서 보면, '일회용품'은 도리어 자원을 대량 낭비하고 쓰레기를 축적했다. 만약 우리가 지금부터 '일회용품'을 쓰지 않는다면, 돈을 절약하고,

또한 환경도 보호할 수 있지 않을까? 당신이 까페에 갈 때 자신의 컵을 준비하고, 교외로 놀러 갈 때 자신의 식사 도구를 준비하고, 마트로 갈 때 자신의 봉지를 준비하는 것이다. 절대로 번거롭다고 싫어하지 말고, 환경을 보호하는 것은 작은 일부터 시작해야 한다.

회화

김대한: 내가 발견했는데, 중국에서는 자전거를 타고 출퇴근하는 사람이 어째서 그렇게 많아? 길에서 자전거를 타면 위험하지 않아?

장학우: 네가 생각하는 것처럼 그렇게 위험하지 않아. 우리나라에서는, 자전거가 중요한 교통수단 중의 하나야. 어렸을 때, 우리 집에는 한 사람 앞에 자전거 한 대씩 있었어.

김대한: 어쩐지 중국이 '자전거 왕국'이라고 불리더라. 전해지는 말에 의하면, 중국은 자전거 생산량과 보유량이 가장 많은 나라라고 하더라.

장학우: 그래, 중국 사람 열에 여덟, 아홉은 모두 자전거가 있다고 말할 수 있지. 비록 요즘 자동차가 있는 사람들이 갈수록 늘어나지만, 대도시에서는 차 막히는 문제가 심각해서, 그래도 적지 않은 사람들이 자전거로 출퇴근하는 것을 선택하고 있어.

김대한: 그래, 예전에 대부분의 사람들은 운동을 위해서 자전거를 탔는데, 지금은 자전거를 교통수단으로 여기는 열풍이 유행하기 시작했어.

장학우: 내가 생각하기에 이건 나쁠 게 없는 것 같아! 자전거를 타면 교통비를 절약할 수도 있고, 몸도 단련할 수 있잖아. 정말 '일거양득'의 좋은 방법인 거 같아!

김대한: 우리는 '일거삼득'의 좋은 방법이라고도 말할 수 있어. 교통비를 절약할 수 있고, 몸을 단련할 수도 있고, 또 환경을 보호할 수도 있잖아.

장학우: 맞어 맞어 맞어, 너 중국어가 많이 향상되었구나! 성어의 의미를 아는 건 말할 것도 없고, 하나를 들으면 열을 알 수도 있네. 정말 재주가 있어!

김대한: 과찬의 말씀이십니다! 설마 '좋은 사람을 가까이 하면 좋게 변하고, 나쁜 사람과 가까이 하면 나쁘게 변한다'는 말 못 들어 봤어?

장학우: 와, 난 너한테 감히 농담도 못하겠다. 맞다, 저번에 우리가 이번 주말에 교외로 놀러 가기로 약속했는데, 너 잊지 않았지? 우리 자전거를 빌려서 교외로 나갈까?

김대한: 좋은 생각이야! 우리는 교외의 아름다운 풍경을 감상할 수도 있고, 자전거를 타면서 몸을 단련할 수도 있고, 또 교통비도 절약할 수도 있으니, 정말로 '일거삼득'이네!

6 游山玩水 자연에 노닐다

p 82

단문

홍콩은 중국 남부에 위치해 있으며, 비록 면적은 크지 않지만, 중요한 금융, 무역 중심으로, 동시에 여행하기에도 좋은 곳이다. 흔히 사람들에게 '동방의 진주'라고 일컬어진다.

홍콩은 대표적인 본고장 특산품인 광둥 요리가 있을 뿐만 아니라, 각양각색의 외국 음식도 있어서, 이른바 없는 것이 없어서, 여행객들은 맛있는 음식을 배불리 먹을 수 있다.

홍콩은 또한 여행 명승지이다. 특히 저녁이 되면, 2층 관광버스에 앉아서 홍콩의 아름답고 황홀한 야경을 감상할 수 있다.

홍콩은 또한 '쇼핑 천국'이다. 특별히 언급할 만한 가치가 있는 것은 홍콩의 야시장이다. 저녁 때가 되면, 야시장을 구경하며 간식을 먹는 것이 얼마나 재미있는 지는 말할 필요도 없다.

올해 휴가 기간에 우리도 '동방 진주'의 매력을 느껴 보자!

회화

이미영: 이 홍콩 소개 글을 보니, 난 정말 바로 홍콩에 가고 싶어. 넌 홍콩에 가 봤지? 빨리 나한테 소개 좀 해줘.

왕 리: 홍콩은 정말 아름다워, 갈만한 곳은 셀래야 셀 수가 없어. 네가 여행하는 목적이 무엇인지를 봐야 해.

장학명: 요즘에 난 스트레스가 너무 많아서, 여행을 하면서 좀 쉬고 싶어.

장학우: 그럼 난 형이 홍콩에 가는 건 추천하고 싶지 않아. 내가 생각하기에 홍콩은 여행하기에 좋긴 한데, 충분히 쉬지는 못 할거야.

이미영: 그건 그래. 홍콩으로 여행 가면 쇼핑만 하게 되잖아 생각만 해도 무지 힘들 거 같아. 너 뭐 좋은 의견 있어?

장학우: 쉴거면, 난 형이 산도 있고 물도 있는 곳으로 가는 걸 추천해. 자연풍경을 감상하는 동시에 몸과 마음을 편하게 할 수 있으니까. 일거양득이잖아. 예를 들면, 사천의 지우자이꼬우나, 운남의 따리, 광서의 꾸이린 등이 있어.

장학명: 중국은 정말로 여행 자원이 풍부한 국가네! 중국을 한 번 다 돌려면, 얼마나 걸릴까?

왕 리: 그건, 아마 한 평생 돌아도 다 못 볼 걸.

장학명: 그래, 예전부터 중국에는 자연풍경이 있을 뿐만 아니라, 명승고적도 있다고 들었었어. 그럼 이번에는 난 먼저 자연풍경을 감상해야겠다. 다음 번에 홍콩에 가야겠네.

장학우: 내가 보기에 괜찮은 거 같아. 어쨌든 지금은 홍콩 가기 가장 좋은 계절인 것도 아니고. 크리스마스가 되면, 나랑 같이 가자.

장학명: 약속하는 거다!

단문

　막 졸업하려는 중국의 대학생 입장에서는 모두 일찍이 이런 고민을 해 본 적이 있을 것이다. 대도시에 가서 발전을 하는 게 좋을 것인가, 아님 소도시에 남아 일을 하는 게 좋을 것인가?

　베이징, 상하이, 션전과 같은 대도시를 보면, 20세기 80, 90년대부터 그 곳에서 일을 하고 싶어 하는 수많은 대학 졸업생을 끌어들였다. 그들은 대도시가 취업 기회도 많고, 수입이 높으며, 발전 가능성이 크다고 생각한다. 이 밖에도 대도시의 교통은 편리하고, 생활 환경도 편하게 갖춰져 있다고 생각한다.

　반대로, 소도시의 생활 리듬은 대도시만큼 그렇게 빠르지 않다. 비록 수입은 대도시와 비교할 수도 없지만, 직장이 안정적이며 스트레스도 많지 않다. 또한 소비 수준도 낮고 생활도 편한 이유로 역시 적지 않은 사람들을 끌어들인다.

　대도시는 대도시의 강점이 있고, 소도시는 소도시의 특징이 있다는 것을 알 수 있다. 당신은 대도시에서 이리저리 뛰어다닐 것을 선택하겠는가, 아니면 소도시에 남아서 일을 할 것인가?

회화

장학명: 너 또 직업을 바꿨다며. 상하이에 온 지 5년도 안 되었는데, 넌 회사를 벌써 세 번 바꿨네.

장학우: 형 소식 참 빠르다. 얼마 전에 난 외국 기업으로 옮겼어. 거긴 대우가 좋을 뿐만 아니라, 미국과 무역 관계가 있어서 외국으로 출장 갈 기회도 많아.

장학명: 너 언제까지 이렇게 이리저리 왔다갔다 할래?

장학우: 사람들이 "사람은 높은 곳을 향해 가고, 물은 낮은 곳으로 흐른다"고 하잖아!

장학명: 난 너랑 다르게, 대도시에서 일하는 것을 싫어해. 난 소도시에서 안정적인 직업을 찾아 여유롭게 생활하는 것을 더 원해.

장학우: 소도시가 어디 대도시만큼 발전 가능성이 커? 형은 젊을 때 대도시에서 더 많이 단련해서, 미래를 위해 더 많은 경험을 쌓아야 해.

장학명: 그런데 대도시의 생활 리듬은 너무 빨라서 숨을 쉴 수 없을 정도잖아.

장학우: 그만큼 대도시에서는 많이 벌잖아.

장학명: 소득이 높긴 높지만, 대도시의 소비도 꽤 높잖아.

장학우: 그건 그래. 하지만 대도시에서의 생활은 형의 견문을 넓혀 주잖아. 또 먹고 마시고 놀 수 있는 곳도 모두 갖추어져 있고, 소도시처럼 밤 9시만 되면 모든 곳이 다 문을 닫지는 않아. 놀 만한 곳도 없고 말이야.

장학명: 그럼 네가 매일 한밤중까지 놀 수는 없잖아. 소도시의 밤 생활도 그렇게 풍부하지 않지만, 우리는 일찍 자고 일찍 일어나지. 다음 날 학업과 업무에 지장을 주지 않도록 말이야.

장학우: 형의 말도 일리가 있어. 하하, 보아하니 형의 성격은 소도시 생활과 맞구나. 나 같은 이런 사람은

대도시에서 바쁘게 생활하는 게 더 맞고.

장학명: 사람은 각자의 목표가 있잖아! 대도시와 소도시를 막론하고, 난 우리가 매일 행복하고 즐거웠으면 좋겠어!

8. 左右为难 진퇴양난에 빠지다

p 110

단문

대학교의 선택과목 수업에서, 교수가 학생들에게 두 가지 선택 문제를 냈다. 첫 번째 문제는, 남자가 여자를 매우 사랑했다. 그녀는 매우 아름답고 매력적이었다. 그러나 한 번의 교통사고로 그녀의 아름다운 얼굴에 상처가 남았다. 당신이 생각하기에 이 남자는 여전히 그녀를 사랑할 것인가? A. 그는 반드시 그럴 것이다. B. 그는 반드시 그렇지 않을 것이다. C. 그는 아마 그럴 것이다. 두 번째 문제는, 여자가 남자를 매우 사랑했다. 그는 똑똑하고 재능이 있었다. 어느 날 갑자기 그는 파산했다. 당신이 생각하기에 그녀는 아직도 예전처럼 그를 사랑할 것인가? A. 그녀는 반드시 그럴 것이다. B. 그녀는 반드시 그렇지 않을 것이다. C. 그녀는 아마 그럴 것이다.

교수는 통계를 낸 후에 발견했다: 첫 번째 문제에서 10%의 학생이 A를 선택했고, 10%의 학생이 B를, 80%의 학생이 C를 선택했다. 두 번째 문제는, 30%의 학생이 A를, 30%의 학생이 B를, 40%의 학생이 C를 선택했다.

교수는 말했다. "이 두 문제를 풀 때, 여러분들은 남자와 여자를 연인 관계라고 생각했나요? 그러나, 문제에서는 그들이 연인 관계라고 결코 말하지 않았죠? 만약 첫 번째 문제의 남자가 '여자'의 아버지이고, 두 번째 문제의 여자가 '남자'의 어머니라면. 여러분들에게 이 두 문제를 다시 한 번 풀어 보라고 하면, 당신은 여전히 원래의 선택을 유지할 수 있나요?"

그렇다면 학생들이 모두 어떤 것을 선택했는지 당신이 한 번 맞춰 보시라.

회화

이미영: 오빠 눈이 판다 눈이 됐어, 또 밤새서 축구 시합 본 거야?

장학명: 내가 축구 볼 정신이 어디 있어? 요 며칠 네 형수와 말다툼을 해서, 냉전 중이었잖아, 그래서 잠도 잘 못 잤고.

이미영: 오빠가 언니를 괴롭힌 거 아냐? 언니처럼 현명한 사람이 어떻게 오빠와 냉전 중이겠어?

장학명: 그럼 네가 시비를 가려 봐. 며칠 전에 텔레비전을 보고 있는데, 네 형수가 갑자기 "만약에 저와 어머니가 동시에 물에 빠지면, 먼저 누구를 구할 거예요?"라고 묻잖아. 나는 생각도 하지 않고 바로 "당연히 어머니를 구해야지, 아내는 다시 얻으면 되지만, 어머니는 하나 뿐이잖아."라고 말했어.

이미영: 그건 오빠가 틀렸네. 언니 앞에서, 어떻게 그렇게 말할 수가 있어? 그건 고생을 사서 하는 거 아냐?

장학명: 난 정말 너희 여자들을 이해할 수가 없어, 왜 사람을 진퇴양난에 빠지게 하는 이런 질문을 좋아하지? 속담에 "열 손가락 깨물어서 안 아픈 손가락이 없다."고 했어, 한 쪽은 아내고, 한 쪽은 어머니이면, 나더러 어떻게 선택하라고.

이미영: 남자와 여자는 같은 말을 해도, 서로 다르게 이해한다잖아. 언니가 오빠에게 이런 질문을 하는 것은, 오빠에게 정말 선택하라는 게 아니고, 듣고 싶은 대답, "당신이 나에게 가장 중요해요," "당신이 없으면, 난 어떻게 살아가요." 이런 대답을 해 주면 돼.

장학명: 네가 하는 말을 들으니, 남녀의 사고방식은 정말 다르구나! 보아 하니 난 책을 한 권 사서, 돌아가서 제대로 연구 좀 해야겠어.

이미영: 그것보다 먼저 돌아가서 언니랑 화해해.

9　习以为常　습관이 생활화되다
p 124

단문

　숲 속에는 작고 하얀 토끼 한 마리가 살고 있었다. 한 번은, 파릇파릇한 잔디밭에 누워 책을 읽고 있었다. 이 때, 산양이 다가와서 "토끼야, 책은 누워서 읽으면 안 돼, 시력에 영향을 준단다."라고 말했다. 그 말을 들은 토끼는 앉아서, 계속 책을 읽기 시작했다.

　꼬마 사슴은 토끼가 책을 너무 가까이에서 보는 것을 보고, "토끼야, 책을 너무 가까이에서 보네!"라고 일깨워 주었다. 하지만 토끼는 듣지 못했고, 사슴은 다시 한번 일깨워 줬으나, 토끼는 여전히 듣지 못했다. 사슴은 '토끼가 분명 책을 보는데 너무 정신이 팔려있으니, 방해하지 말아야겠다!'라고 생각했다.

　몇 개월이 지나고, 토끼의 시력은 갈수록 안 좋아져서, 결국에는 근시안이 되었다. 원인은 바로 토끼가 책을 볼 때 일정한 거리를 유지하는 좋은 습관을 기르지 못했기 때문이다.

　습관은 자기도 모르게 길러지게 되므로, 좋지 않은 습관을 발견했을 때는 바로 고쳐야 하는데, 그렇지 않으면 좋지 않은 습관이 형성되어서 고치고 싶어도 늦게 된다.

회화

이미영: 넌 어떻게 왼손으로 젓가락을 쥐어? 너 왼손잡이야?

왕　리: 완전히 왼손잡이는 아니야. 글을 쓸 때는 오른손으로 쓰는 게 습관이 되었고, 밥을 먹을 때는 왼손을 쓰는 게 습관이 되었어. 그래서 다른 사람과 식사를 할 때, 항상 상대방을 불편하게 해.

이미영: 내가 예전에 보고서에서 봤는데, 왼손을 자주 쓰면 우뇌가 개발된대. 너 같은 사람은 좌, 우뇌가 모두 개발될 수 있잖아. 넌 천재중의 천재야!

왕 리: 내가 무슨 천재라 할 수 있겠어.

이미영: 사실 왼손잡이는 진짜 별 거 아니야. 내 안 좋은 습관이야말로 문제가 있어. 난 어떤 문제를 생각할 때 항상 손톱을 물어뜯어. 특히 내가 좋아하는 남자 앞에서 손톱을 물어뜯으면, 정말 망신스러워. 난 정말 이 나쁜 습관을 고치고 싶은데, 너무 어려워.

왕 리: 내가 예전에 뉴스에서 들었는데, 좋은 습관을 기르려면 매일 반복해야 하는데, 적어도 한 달은 해야 한대. 그런데 나쁜 습관을 고치려면 두 달 이상은 반복해야 된대.

이미영: 그렇다면, 나쁜 습관을 고치는 게 가능성이 있다는 거네. 강한 의지가 있냐 없냐를 보고, 유지해 나갈 수 있는지 없는지에 따라서 말이야, 안 그래?

왕 리: 맞아, "뜻이 있는 곳에 길이 있다고 하잖아!" 언니가 결심만 하면, 좋은 습관을 기르든, 나쁜 습관을 고치든 상관없다만, 시간문제일 뿐이지!

이미영: 솔직히 말하면, 요즘 난 피부미인이 되고 싶었어. 듣자 하니 매일 운동하고, 물을 많이 마시고, 과일을 많이 먹고, 소금을 적게 먹으면, 피부미인이 된다네. 어때? 관심 있으면 같이 해 볼래?

왕 리: 들어 보니 괜찮네. 우리 진작에 이 계획을 시작할 걸 그랬어. 이번에는 꼭 말한대로 하겠어!

10 良药苦口 좋은 약은 입에 쓰다 p 138

단문

중의를 얘기하면, 사람들은 먼저 쓰디쓴 중약과 길디긴 침을 떠올린다. 사실, 중의는 '음양오행'의 이론을 기초로 하며, '중약, 식이요법, 침구, 부황, 안마' 등을 사용해 치료하는 수법으로, 인체의 '음양 평형'을 지향한다.

시대가 발전함에 따라, 몇몇 학자는 중의가 서양 의학보다 못하다고 한다. 그러나 서양 의학이 중국에 도입되기 전에는 우리 선조들은 중의로 환자를 치료했다. 그래서 중국 사람들은 중의에 대해 특별한 믿음과 감정이 있다. 예를 들면, 우리가 심신이 몹시 피곤하고 온몸이 무기력할 때, 대부분의 사람들은 안마시술소를 찾아 전신 안마를 받거나, 중의원에 가서 부황을 뜬다. 비록 사람들은 '모든 약 속에는 30%의 독이 들어 있다.'라고 하지만, 우리가 감기에 걸렸을 때, 대다수의 사람들은 그래도 먼저 중약을 먹지, 양약을 먹는 것을 좋아하지는 않는다. 대다수의 중국 사람들이 믿는 '음식으로 보충한다'는 것은 음식으로 체질을 개선한다는 것으로, 이것도 역시 중의 이론에서 왔다.

피 터: 너 안색이 왜 이렇게 창백해, 어디 불편해?

왕 리: 어제부터 시작해서 줄곧 온몸에 한기가 느껴져, 감기인가봐.

피 터: 내가 너 데리고 병원에 안 가도 되겠어? 이번 유행성 감기는 상당히 심각해, 나의 룸메이트도 이주나 아팠는데, 아직도 안 나았어. 내가 친구한테 병원에 가라고 했는데도 듣지 않아.

왕 리: 괜찮아! 걱정할 필요 없어, 집에 돌아가서 좀 쉬면 좋아질거야.
　　　　정말 안 되면 감기약 좀 먹을게.

피 터: 사실대로 말하면, 좀 난 어떨 때는 정말 중국 사람이 이해가 안 돼.
　　　　평소에 내 중국 친구는 자신의 음식 습관에 각별히 주의를 해서, 무엇을 먹는 게 몸에 좋고, 무엇을 먹는 게 몸에 안 좋은지, 마치 의사 같아. 그런데 감기에 걸리거나 몸이 좋지 않으면 바로 병원에 가지를 않고, 자기가 맘대로 약을 먹어. 이건 왜 그래?

왕 리: 왜냐하면 병원에 가면 접수해야지, 검사해야지, 번거로운 건 말도 마. 가벼운 감기는 병원에 갈 필요까지는 없고, 며칠만 지나면 괜찮아져.

피 터: 그러면 양의와 비교했을 때, 중국 사람들은 중의를 더 신임해?

왕 리: 이렇게 말할 수 있어. 난 중의를 더 신임해. 내 면역력이 떨어질 때, 난 차라리 중약을 먹지 병원에 가지는 않아.

피 터: 중약을 말하자면, 난 더 이해가 안 돼. 그렇게 쓴 약은 냄새만 맡아봐도 토하고 싶은데, 어떻게 먹어?

왕 리: 대다수의 중약은 각종 천연 약재로 만든거야. 그런데, 많은 양약은 화학 성분으로 만들잖아. 많은 성분들을 우리는 들어보지도 못하고 무슨 물건인지도 모르는데 어떻게 안심하고 먹겠어?

피 터: 오, 알고 보니 이것도 문화 차이구나! 난 중의를 한 번도 본 적이 없어. 기회가 되면 너도 날 데리고 중의에 한 번 가줘. 나도 체험해 보고 싶어.

：정답：

1 多多益善
다다익선

●生词热身练习 단어연습●

1 经验
2 帮, 忙
3 按时
4 动脑筋
5 尽量

●天天记一记 어법 익히기●

바로바로 확인

1 ① 韩剧在外国很有人气。可见, 韩国的文化受外国人的欢迎。
  ② 运动以后, 我不仅瘦了很多, 而且心情也好多了。可见, 运动对人体的好处多。
2 ① 这是一本对人生有帮助的书。
  ② 做什么运动对减肥有帮助?
4 ① 按爸爸说的做没错。
  ② 你应该按公司的要求穿正装。
5 ① 请大家尽量发表意见。
  ② 造句的时候, 你们尽量用我们学过的生词。

●실력확인하기●

　说实话, 我是真想帮你; 不过你也知道, 我最近刚买了房子, 正在还贷款, 手里实在是没有钱啊。我是心有余而力不足啊。等我有钱以后, 一定借给你。这次你看看先问问别人吧!

●写一写答案 글로 표현하기●

　周末我打算去旅行, 所以向朋友借了车。朋友把车借给了我, 并告诉我要小心开车。

　我一边开车一边听音乐, 别提有多开心了。
　可是怎么也没想到, 车撞在了路边的石头上。我没怎么受伤, 可是朋友的车被撞坏了。我真是又担心又着急, 到底该怎么向朋友解释呢?

2 细嚼慢咽
오래오래 잘 씹고 천천히 삼키다

●生词热身练习 단어연습●

1 熊猫
2 表达
3 具体
4 礼貌
5 砸

●天天记一记 어법 익히기●

바로바로 확인

1 ① 无论在韩国还是在中国, 这首歌都很流行。
  ② 无论你喜不喜欢, 你都要完成这个工作。
2 ① A
  ② B
3 ① 正如你所知, 这次机会对我们公司是非常重要的。
  ② 正如大家所知, 我一直反对和那个公司的合作。
4 ① 在妈妈看来, 我还只是一个十岁的孩子。
  ② 在他看来, 这个工作再简单不过了。

●실력확인하기●

　亲爱的, 我知道你每次约会迟到不是故意

的, 你是个慢性子, 所以可能会晚来一会儿, 但是, 要是你习惯了, 见别人的时候也迟到的话, 别人可不会像我这么理解你的, 你说不是吗?

●写一写答案 글로 표현하기●

我来中国留学已经快两年了。说实话, 我最羡慕的是中国人的"慢生活"。中国人有早睡早起的好习惯, 所以每天你都能看见很多老人早上在公园里打太极拳。到了晚上, 很多人在公园里跳舞、散步。还有在路上你经常能看见有人坐在路边喝茶。中国人吃饭的时候, 一边喝酒一边聊天。所以吃一顿饭要好几个小时。

3 甜言蜜语
감언이설

●生词热身练习 단어연습●

1 打招呼
2 嗓子
3 骂
4 语气
5 认为

●天天记一记 어법 익히기●

바로바로 확인

1 ① 王经理经常请朋友吃饭, 再大方不过了。
　② 要是你明天能参加我们的晚会, 那就再好不过了。
2 ① 大家都以为她不会来参加这次聚会。
　② 别以为你懂孩子的心。
3 ① 你不用这么伤心, 只不过一次小小的失败罢了。
　② 同学们考得都比我好, 只不过我没有别人努力罢了。

4 ① 我吃过不少中国菜, 锅包肉啦, 鱼香肉丝啦, 麻婆豆腐等都是我喜欢的中国菜。
　② 周末一个人呆在家里的时候, 看看书啦, 上上网啦, 听听音乐啦。
5 ① 作为一个男人, 应该有责任感。
　② 作为一名人民警察, 应该保护老百姓的安全。

●实力 확인하기●

妈妈, 你为什么随便偷看我的日记? 你知道不知道家长不能随便偷看孩子的日记? 我真心希望妈妈以后不要随便侵犯我的隐私。如果妈妈真的关心我, 请尊重我的隐私。

●写一写答案 글로 표현하기●

小明是个不努力学习的学生, 每天除了玩儿就是玩儿。所以每次考试成绩都很差。妈妈发现了这次考试的成绩单, 虽然很伤心, 但是她并没有对儿子生气, 没骂儿子也没打儿子, 而是鼓励儿子。妈妈教育儿子要努力学习, 否则长大以后一定后悔。儿子听了妈妈的话, 真的决心努力学习, 不让妈妈失望。通过儿子的努力, 他的成绩真的越来越高。

4 苦尽甘来
고진감래

●生词热身练习 단어연습●

1 秘诀
2 由于
3 瞒
4 面子
5 挑战

바로바로 확인

1 ① 今天下午的会议非常重要，你不得不参加。
　② 领导交给我的工作我还没做完，今晚不得不熬夜了。

2 ① 看看离火车出发的时间还早，于是他们打算在附近逛一逛。
　② 我昨晚熬夜写报告，今早起晚了，于是打车去的公司。

3 ① 在朋友的鼓励下，他决定再挑战一次。
　② 在医生的治疗和照顾下，她的健康恢复得越来越快。

4 ① 不瞒你说，我通过那家公司的面试了。
　② 不瞒你们说，我下个月要结婚了。

5 ① 再有意思的恐怖片，我也不想看。
　② 你说得再好听，我也不感兴趣。

●실력 확인하기●

　我知道你心里很难受、很着急，但是你不能没有自信啊。现在的工作不好找，除了你，还有很多人和你一样。再说你的条件也很好，说不定很快就会找到非常好的工作呢。你不是也知道"苦尽甘来"这句话嘛。相信自己，多一点儿勇气，你一定会找到理想的工作。

●写一写答案 글로 표현하기●

　他出生在一个贫困的家庭，甚至父母没有钱让他读书。他从小就决心要好好儿学习，长大成为一名律师。他一边通过打工努力挣钱，一边刻苦学习。终于他考上了名牌大学的法律系。大学期间也刻苦学习，毕业以后，他实现了小时候的梦想，成为了一名律师。

5　一举两得
일거양득

●生词热身练习 단어연습●

1 资源
2 不妨
3 难怪
4 敢
5 嫌

●天天记一记 어법 익히기●

바로바로 확인

1 ① 妈妈常对我说，开车的时候要多注意安全，不要只图速度快。
　② 买东西的时候不能只图便宜。

2 ① 听说这儿附近新开了一家四川菜饭馆，咱们今晚不妨去尝尝。
　② 你不妨多听听老师的建议。

3 ① 顾客嫌价格太贵，所以没买。
　② 越嫌麻烦，越可能错过很多机会。

4 ① 他又没完成作业，难怪老师会很生气。
　② 难怪他今天这么高兴，原来他爱人生了个大胖儿子。

5 ① 我们在公司是好同事不说，还是好朋友。
　② 这东西便宜不说，还很好用。

●실력 확인하기●

　我会努力劝说并阻止类似情况的发生。我要向他们说明保护环境的重要性，让他们有环保意识。特别是对景区名胜古迹的保护，我们每个人都有责任。为了环保，为了他人，请不要在景区内随便吐痰、乱扔垃圾，更不要在名胜古迹上乱涂乱画。

●写一写答案 글로 표현하기●

　我今天在学校听了一堂环保课，真是感受

颇深。听了这堂课以后，我决定要参加环保公益活动。除此以外，我还要拒绝平时经常使用的一次性用品。最后，我要向他人宣传环保的重要性，环保不是一个人的事，是需要大家一起来行动。

6 游山玩水
자연에 노닐다

●生词热身练习 단어연습●

1 放松
2 应有尽有
3 值得
4 位于
5 名胜古迹

●天天记一记 어법 익히기●

바로바로 확인

1 ① 济州岛是韩国最大的岛, 位于韩国南部。
　② 我的学校位于市中心。
2 ① 北京最值得去的地方是哪儿?
　② 这儿的确是一家值得推荐的餐厅。
3 ① 我尝遍了学校附近所有好吃的饭馆。
　② 你只需要一两个小时就可以把这儿逛遍。
4 ① 我不知道她今年多大, 反正她还没结婚。
　② 不管你去不去, 反正我打算冬天去哈尔滨。
5 ① 等到了周末, 我就去郊外放松放松。
　②等我下班, 我就联系你。

●실력 확인하기●

　　在国外旅行时, 丢失贵重物品时, 特别是丢失护照的时候, 一定要马上联系当地的大使馆或领事馆。还可以报警请求警察的帮助。

●写一写答案 글로 표현하기●

　　他从小就对中国感兴趣, 所以开始学习了汉语。为了去中国旅行, 他努力打工赚钱。他先去了北京, 在那儿既品尝到了地道的北京烤鸭, 又游览了万里长城。然后, 他去了西安, 西安的兵马俑给他留下了深刻的印象。这次中国旅行不仅让他认识了很多中国朋友, 而且让他决心更努力学习汉语。

7 井底之蛙
우물 안 개구리

●生词热身练习 단어연습●

1 消费
2 吸引
3 以免
4 积累
5 稳定

●天天记一记 어법 익히기●

바로바로 확인

1 ① 从5岁起, 我就开始学习弹钢琴。
　② 从第一次看见她起, 就喜欢上她了。
2 ① 我们班的班长不光长得帅, 而且篮球打得也特别好。
　② 这款新手机不光价格比较便宜, 而且质量也不错。
3 ① 他看来看去, 还是没认出来我是谁。
　② 我试来试去, 也不知道到底该买哪件衣服才好。
4 ① 我打算送给她一部手机, 好让她看手机的时候就会想起我。
　② 早点儿睡吧, 明早好早起。
5 ① 去市场买东西时要学会讲价, 以免被骗。

② 酒后千万不要开车，以免发生交通事故。

●실력 확인하기●

如果我是他，我会这样说服父母："我从小理想的职业就是厨师，为了成为一名厨师，我努力学习。我认为厨师不是什么不体面的工作。选择工作的时候最重要的是自己喜欢不喜欢，如果是我不喜欢的工作，再安稳我也不做。希望你们可以理解我，并尊重我的选择。"

●写一写答案 글로 표현하기●

兄弟两个人出生在农村。弟弟从小就想走出农村，去更大的城市闯闯，而哥哥却喜欢安稳的农村生活。为了进大城市，弟弟从小就努力学习。十年后，弟弟不仅在大城市找到了工作，而且买了房子，买了车。哥哥还是老样子，过着每天一样的生活。

●生词热身练习 단어연습●

1 选修课

2 欺负

3 救

4 娶

5 突然

●天天记一记 어법 익히기●

> 바로바로 확인

1 ① 韩国人常说"女人的心像春天的天气一样。"

　② 他像爸爸一样爱喝酒。

2 ① 他在家里开派对，弄得邻居们都很不满意。

② 昨天我没写作业，弄得我被老师批评了。

3 ① 昨晚看电视的时候，看着看着，突然停电了。

　② 我说着说着，突然哭了。

4 ① 我不喜欢当着别人的面说朋友的坏话。

　② 你怎么能当着老师的面抽烟呢？

5 ① 今天零下10多度，你干嘛穿这么少的衣服呢？

　② 外边没下雨，你干嘛带雨伞啊？

●실력 확인하기●

人的一生要经历很多选择。俗话说"人往高处走，水往低处流。"话是这么说，可现实中我却不知该怎么选了。是要饿不死人的稳定工作，还是趁机会多赚点钱，虽然小公司给我的钱多，但是毕竟没有大公司的机会多。最后我还是决定留在现在的公司。

●写一写答案 글로 표현하기●

今天有我喜欢球队的比赛，我们这些铁杆球迷当然不能错过，我们早早就定好了地方，打算晚上和几个球迷看比赛，想一想就高兴得不得了。但问题出现了，我的女朋友偏偏要今晚一起看电影。陪女朋友吧，我就不能去看球赛了；不陪女朋友吧，她一定生我的气，我该怎么办呢？

●生词热身练习 단어연습●

1 左撇子

2 提醒

3 毅力

4 丢脸

5 咬

바로바로 확인

1 ① 有一天，我看见她一个人在教室里哭。
   ② 有一次，她陪我去过医院。
2 ① 你今天一定要完成所有的工作，否则明天老板会发火的。
   ② 你该趁现在吃药，否则会越来越严重。
3 ① 感谢你给我的生活带来了希望。
   ② 给别人带来不便的话，要说对不起。
4 ① 听说要通过公务员考试，至少要准备一年。
   ② 虽然我不会说让你高兴的话，但至少我是真心的。
5 ① 虽然这部电影我没看懂，不过我还是看下去了。
   ② 坚持下去，坚持到最后的人才是胜利者。

●실력 확인하기●

　　小明，明天早上陪妈妈一起晨练好不好，你上学的时候早上没时间，好不容易等到你放假了，看你也睡了几个早上的懒觉，估计你也休息好了，那就从明早开始陪妈妈晨练吧。明早妈妈叫你，晚上早点睡啊！

●写一写答案 글로 표현하기●

　　他为了让自己有个健康的身体，每天早睡早起。早上起床后，他每天坚持去外边跑步。早上运动以后，他觉得一天都很轻松。在饮食上，以前总是吃垃圾食品和方面食品的他开始多吃蔬菜、水果。除此以外，他也开始少喝酒。养成这些好的生活习惯不容易，希望他可以坚持下去。

---

10 良药苦口
좋은 약은 입에 쓰다

●生词热身练习 단어연습●

1 下降
2 劝
3 体质
4 闻
5 相当

●天天记一记 어법 익히기●

바로바로 확인

1 ① 提起韩国菜，人们首先想到的就是泡菜。
   ② 提起这部电影，好像没有人不知道。
2 ① 我们公司一直坚持以顾客为基础的原则，为顾客服务。
   ② 这个药是以调理为基础制成的。
3 ① 至于买这么贵的咖啡吗?
   ② 他还是小孩子，不至于跟他生这么大的气。
4 ① 他宁可去工资少的公司，也不去父母给他介绍的公司。
   ② 她宁可不结婚，也不和这样的人结婚。
5 ① 他把这次活动搞砸了。
   ② 同时学两种外语，很容易搞混。

●실력 확인하기●

　　最近我们公司安排体检，你也一起去检查检查吧。我看你每天都说身体不舒服，又不去医院，真替你担心，如果没什么问题还好，就怕有大问题，还是提早发现提早治疗的好啊。我帮你预定了。

●写一写答案 글로 표현하기●

　　中医是中国的传统医学，主要包括诊脉、按摩、针灸、中药治疗等方法。要是你没有亲自体验过，你不会知道中医的神奇。最近我正在接受

中医的针灸治疗。你可别小看这小小一根针，我
只是每天用它针灸一下，没想到竟然瘦了5公斤。
这就是最近中国流行的中医减肥方法。